9급/7급 공무원 시험대비

동영상강의 www.pmg.co.kr

박문각 공무원

최신판

박혜선 국어

최단기간 어문 규정

박혜선 편저

만점릴레이신화! 평균90.88

PREFACE 이 책의 머리말

과거에 나오지 않았던 혁신적인 어문 규정
박혜선의 최단기간 어문 규정

박문각 국어 1타, 亦시 성功하는 국어 박혜선 선생님이 준비한
'전직렬 최적의 최빈출 최단기 어문 규정'

안녕하세요. 박문각에서 국어를 가르치는 전임 대표 교수 박혜선입니다.

이 교재는 국가직, 지방직과 전직렬의 학생들이
쉽게 어문 규정의 마스터가 될 수 있도록 만들어졌습니다.

요즘 국어의 트렌드가 크게 바뀌고 있습니다.
국가직, 지방직 기준 어문 규정 출제가 1-2문제로 줄게 되면서 어문 규정 또한 꼭 맞혀야 하지만
어떻게 준비하느냐가 중요해진 영역이 되었습니다.

공통과목에서 90점 이상을 받아야 하는 요즘 시점에서 어문 규정의 문제 수가 적다고
어문 규정 학습을 하지 않는 것은 매우 잘못된 선택이라고 할 수 있습니다.
또한 타 직렬의 경우에는 여전히 어문 규정이 다수 출제되고 있으므로 반드시 어문 규정에 대한 학습은 이뤄져야 합니다.

단, 방법이 중요하겠죠?

그래서 혜선 쌤이 준비했습니다.
정말 최단기간에 알기 쉽게 정리하는 전무후무한 '최단기간 어문 규정'!

여러분은 이 방대한 어문 규정에서 '최빈출'의 문법 예시를 우선적으로 정리해야 합니다.
'최빈출'만 공부해도 지워지는 선지가 정말 많기 때문입니다.
그래서, 철저한 기출 분석 끝에, 기출에서 시작해서 기출에서 끝나는, 단기합격에 최적화된 효율적인 학습서를 만들어 내게 되었습니다.

어문 규정은 학생들이 혼자 공부하기에는 어려운 부분이 많습니다.
각 조항에 들어 있는 문법 예시도 많을뿐더러
하나의 조항에 생략되어 있는 과정들이 꽤 많기 때문입니다.
이를 극복하기 위해 박혜선의 언어로
각 조항마다 쉽게 푸는 전무후무한 "혜선 T만의 Only One 출좋포"라는 섹션을 따로 만들었습니다.

수험생들이 赤功국어를 선택하는 첫 번째 이유

혜선 T만의 Only One 출좋포로 어려웠던 어문 규정의 조항들을 쉽게 씹어 먹는 강의

박혜선의 언어로 바꾼, 어문 규정 강의를 따라만 오시면 어문 규정을 씹어서 먹여 드리는 강의입니다. 중요도 평정이 분명한 강의로 방대한 양의 문법 예시를 꼭 외워야 할 것들로 최소화하는 강의를 합니다. 1순위 최빈출에서 시작하여 2순위 중간 빈출, 3순위 빈출 그리고 난이도 조절용까지 분류하여 외연을 넓혀 가는 강의 간결하고 명료하지만, 출제 포인트를 빠짐없이 가져가는 최고 효율의 강의입니다.

수험생들이 赤功국어를 선택하는 두 번째 이유

치열한 기출 분석 끝에 나오는 수험생에게 최적화된 효율적인 강의

모든 합격자들의 수기에서 극찬 받는 박혜선 赤功국어의 시그니처 강의인 '콤단문'을 최단기간 어문 규정에 녹였습니다. 10개년 기출 내에서 절대로 빠지지 않지만 정말 압축적인 최고 효율의 수험서를 만들기 위해 치열하게 고민하여 만들었습니다.

수험생들이 赤功국어를 선택하는 세 번째 이유

수험생의 문제 풀이 과정을 귀신같이 미리 감지하고 선수 치는 강의

모든 초점은 여러분들이 문제를 풀어나가는 과정에 맞춰져 있기 때문에 각 유형마다 어떻게 접근하면 되는지 수석의 마인드로 접근하여 알려드립니다. 다른 강의와는 차원이 다른 접근법에 놀라실 겁니다. 여러분들이 무엇을 어려워하고 무엇을 질문할지 미리 선수 치고 강의를 하기에 어문 규정에 관련한 답답함이 없어집니다.

수험생들이 赤功국어를 선택하는 네 번째 이유

오픈 카톡, 네이버 카페 등 혜선 쌤과의 직접적인 소통

수험생들을 '역시 성공하는 사람'이라는 뜻의 '역공(赤功)이'로 부르며 누구보다도 수험생들을 위해 노력하는 혜선 쌤과 실시간으로 소통이 가능합니다. 역공(赤功)이들을 위해, 시험에 필요한 모든 자원과 관심을 아끼지 않습니다. 현강 학생들은 물론, 인강 학생들도 '인증 게시판, 커리큘럼 및 상담, 학습 질문'까지 할 수 있습니다. 오픈 카톡방을 이용하는 것뿐만 하니라 개인 카톡을 통해 학생들과 직접적인 소통을 하며 오프라인 상담을 잡기도 합니다. 박혜선 교수의 카페와 오픈 카톡방으로 연결되는 QR코드는 책 뒤 수강후기 아래에 있습니다.

수험생들이 赤功국어를 선택하는 다섯 번째 이유

혼자 공부하지 않아도 절로 복습되는 하프, 일일 모의고사

여러분들의 취약점을 보완하고 다발적으로 일어나는 망각을 방지하고자 매일 실시하는 스파르타 일일 모의고사라는 장치를 마련해 두었습니다. 일일 모고에서 문법 영역은 수업 진도에 맞게 체계적으로 치러집니다. 예를 들어 지난주에 '형태론'을 했다면 그 다음 주에는 '형태론'과 관련된 기출 변형 문제를 풀게 되는 것입니다. 일주일 지난 후 보통 인간의 뇌에는 지식이 30프로밖에 남지 않으므로 이 시기에 한번 더 상기하면 망각을 방지할 수 있습니다. 또한 하프 모의고사 또한 문법 문제 풀이 시즌 이전까지는 수업 진도에 맞춰 망각을 방지하는 문법이 출제됩니다.

전에 없던 혁신적인 **최단기간 어문 규정 학습서**를 통해
올해에도 많은 합격생이 배출되길 기원합니다.
여러분들의 단기합격을 간절하게 응원합니다.

2023년 9월 편저자

박혜선 惠旋

GUIDE 구성과 특징

1

혜선 T만의 Only One 출좋포

- 출제자들이 내고 싶어 미치는 포인트이지만 어려운 조항은 초등학생도 이해할 수 있도록 '박혜선 언어'로 최대한 쉽게 풀이했습니다.

혜선T만의 Only One 출좋포 3 | 제5항 다만 2

1. '예, 례'는 [❸______]로만 발음된다.
2. '계, 몌, 폐, 혜'는 [❹______](원칙), [❺______](허용) 로도 발음한다.

다만 3. 자음을 첫소리로 가지고 있는 음절의 'ㅢ'는 [ㅣ]로 발음한다.

다만 4. 단어의 첫음절 이외의 '의'는 [ㅣ]로, 조사 '의'는 [ㅔ]로 발음함도 허용한다.

2

최빈출 赤功 기출

- 각 장이 시작되기 전에 뇌리에 박힐 수 있는 1순위 최빈출 기출문제를 보여 주고 시작합니다.

최빈출 赤攻기출

다음 중 표준어로만 묶인 것은? 2017 기상직 7급

① 메꾸다, 찌뿌듯하다, 내음, 맨날
② 까탈스럽다, 꼬시다, 눈꼽, 품세
③ 새치롬하다, 이쁘다, 구안괘사, 마실
④ 두리뭉실하다, 찰지다, 개발새발, 늘상

제7항 | 수컷을 이르는 접두사는 '수-'로 통일한다.

3

각 조항 뒤마다 있는 O, X

- 수험생들 스스로 최빈출 문법 예시 O,X 문제를 풀어 복습할 수 있도록 했습니다.

[Q21] 올바른 표준 발음에 ○표 하시오.

❶ 냇가 [내:까, 낻:까]	❷ 콧날 [콘날, 콛날]
❸ 대팻밥 [대:패빱, 대:팯빱]	❹ 베갯잇 [베갠닏, 베갣닏]
❺ 뱃머리 [밷머리, 밴머리]	❻ 뒷윷 [뒤:뉻, 뒨:뉻, 뒫:뉻]
❼ 도리깻열 [도리깨멸, 도리깬녈, 도리깯녈]	❽ 고갯짓 [고개찓, 고갣찓]
❾ 뱃전 [배쩐, 밷쩐]	❿ 예삿일 [예:산닐, 예:삳닐]
⓫ 툇마루 [퇸:마루, 퇻:마루]	⓬ 아랫니 [아랜니, 아랟니, 아래니]
⓭ 깻잎 [깬닙, 깯닙]	⓮ 햇살 [해쌀, 핻쌀]
⓯ 나뭇잎 [나무딥, 나묻닙, 나문닙]	⓰ 꼭짓점 [꼭지쩜, 꼭짇쩜]

+ 남사스럽다/남우세스럽다 : 남에게 놀림과 비웃음을 받을 만한 데가 있다.
+ 등물/목물 : 팔다리를 뻗고 구부린 사람의 허리 위에서 목까지를 물로 씻는 일. 또는 그 물
+ 토란대/고운대 : 토란의 잎 밑

남우세스럽다
목물
만날
뮛자리
복사뼈
세간
쌉싸래하다

4

날개

- 중간 설명이 비지 않도록 보충 설명이나 뜻풀이를 날개 부분에 실었습니다. 또한 누구나 이해할 수 있도록 어려운 내용을 이해하기 쉽게 풀이하였습니다.

5

메타인지 숙제 관리표

- 완벽한 개념과 강력한 훈련만이 단기 합격을 만들어 내기에, 자기 주도 학습이 가능한 메타인지 숙제 관리표를 제공하여 자신의 학습 일정을 자신이 컨트롤 할 수 있는 장치를 마련했습니다.

※ 본인의 학습과정에 따라 조절해 주세요.

주차	단원		어려운 내용	회독수
1일	1시간	PART 01 표준 발음법	① ______ ② ______ ③ ______ ④ ______ ⑤ ______	☆ ☆ ☆ ☆ ☆ ☆ ☆
	2시간			
	3시간			
	1시간	PART 02	① ______ ② ______	

2023 국가직 9급 9번

♥ 파이널 특강과 콤단문에서 선택지 완벽 적중 ♥

09 ㉠~㉣ 중 한글 맞춤법에 맞게 쓰인 것만을 모두 고르면?

> ○ 혜인 씨에게 ㉠무정타 말하지 마세요.
> ○ 재아에게는 ㉡섭섭치 않게 사례해 주자.
> ○ 규정에 따라 딱 세 명만 ㉢선발토록 했다.
> ○ ㉣생각컨대 그의 보고서는 공정하지 못했다.

① ㉠, ㉡　　② ㉠, ㉢
③ ㉡, ㉣　　④ ㉢, ㉣

2023 박혜선 국어 적중 족집게 문법 특강 [1년 문법을 4시간으로 압축]

출.사.표 ⑥ 어간의 끝음절 '하'가 줄어드는 방식

1. '하' 앞의 받침의 소리가 [울림소리] : 하'의 'ㅏ'만 탈락되어 거센소리가 되는 경우

예 무능ㅎ+다 : 무능타 / 부지런ㅎ+다 : 부지런타 / 아니ㅎ+다 : 아니타 / 감탄ㅎ+게 : 감탄케 / 달성ㅎ+게 : 달성케 / 분발ㅎ+도록 : 분발토록 / 실천ㅎ+도록 : 실천토록

87 다음 올바르게 표기된 경우가 아닌 것은?

> • 어간의 끝음절 '하'의 'ㅏ'가 줄고 'ㅎ'이 다음 음절의 첫소리와 어울려 거센소리로 될 적에는 거센소리로 적는다.
> • 어간의 끝음절 '하'가 아주 줄 적에는 준 대로 적는다.

① 갑갑지 않다.　　② 공부케 두다.
③ 삼가치 않다.　　④ 절실치 못했다.

78. 맞춤법 사용이 올바르지 않은 것으로만 묶인 것은?

① 이면수구이, 사흗날, 베갯잇
② 닐리리, 남존녀비, 칼치구이
③ 적잖은, 생각건대, 하마터면
④ 홑몸, 밋밋하다, 선율

2023 국가직 9급 15번

♥ 파이널 특강에서 선택지 여러 번 적중 ♥

15 **밑줄 친 단어가 표준어 규정에 맞게 쓰인 것은?**

① 저기 보이는 게 암염소인가, 수염소인가?
② 오늘 윗층에 사시는 분이 이사를 가신대요.
③ 봄에는 여기저기에서 아지랭이가 피어오른
④ 그는 수업을 마치면 으레 친구들과 운동을 한

2023 박혜선 국어 적중 족집게 문법 특강 [1년 문법을 4시간으로 압축]

45 **맞춤법에 맞는 어휘로 짝지어진 것은?**

① 아등바등 – 도떼기시장 – 허구하다
② 황소 – 장끼 – 돐(생일)
③ 삵괭이 – 사글세 – 햇님
④ 오뚝이 – 아지랭이 – 찰지다

2023 박혜선 국어 적중 족집게 문법 특강 [1년 문법을 4시간으로 압축]

7. **다음 중 표준어가 모두 옳은 것은?**

① 웃목, 웃옷 ② 웃기, 윗옷
③ 웃비, 윗국 ④ 윗눈썹, 윗층

2023 박혜선 국어 적중 족집게 문법 특강 [1년 문법을 4시간으로 압축]

63 **맞춤법에 맞는 어휘로 짝지어진 것은?**

① 덩쿨 – 눈두덩이 – 놀이감
② 윗어른 – 호루라기 – 숫양
③ 마을꾼 – 눈커풀 – 닥달하다.
④ 주책 – 두루뭉술하다 – 허드레

'양, 염소, 쥐('양념쥐'로 외우기)'에는 '숫-'을 붙이므로 '숫양'은 표준어이다.

2023 지방직 9급 13번

♥ 마지막 적중 특강에서 100% 적중! + 특강 아닌 일반 커리에서도 여러 번 적중 ♥

13 밑줄 친 단어의 쓰임이 올바르지 않은 것은?

① 이 일은 정말 힘에 부치는 일이다.

② 그와 나는 전부터 알음이 있던 사이였다.

③ 대문 앞에 서 있는데 대문이 저절로 닫혔다.

④ 경기장에는 걷잡아서 천 명이 넘게 온 듯하다.

박혜선 문법 출좋포 80 파이널 특강 133쪽

①

부치다: 힘이 부치는 일이다. 편지를 부친다. 빈대떡을 부친다. 식목일에 부치는 ... 인쇄에 부치는 원고. 삼촌 집에 ...
붙이다: 우표를 붙인다. 병명을 붙인다. 책...

완벽적중

②

알음: 전부터 알음이 있는 사이
앎: 앎이 힘이다.

예시문까지 소름돋게 적중

③

다치다: 부주의로 손을 다쳤다.
닫히다: 문이 저절로 닫혔다.
닫치다: 그가 문을 힘껏 닫쳤다.

완벽적중

④

걷잡다: 걷잡을 수 없는 상태
겉잡다: 겉잡아서 이틀 걸릴 일

완벽적중

MEMO

※ 본인의 학습과정에 따라 조절해 주세요.

주차	단원		어려운 내용	회독수						
1일	1시간	PART 01 표준 발음법	① ____ ② ____ ③ ____ ④ ____ ⑤ ____	☆	☆	☆	☆	☆	☆	☆
	2시간									
	3시간									
2일	1시간	PART 02 표준어 규정	① ____ ② ____ ③ ____ ④ ____ ⑤ ____	☆	☆	☆	☆	☆	☆	☆
	2시간									
	3시간									
3일	1시간	PART 03 한글 맞춤법	① ____ ② ____ ③ ____ ④ ____ ⑤ ____	☆	☆	☆	☆	☆	☆	☆
	2시간									
	3시간									

주차	단원		어려운 내용	회독수
4일	1시간	PART 04 한글 맞춤법 – 띄어쓰기	① ____ ② ____ ③ ____ ④ ____ ⑤ ____	☆ ☆ ☆ ☆ ☆ ☆ ☆
	2시간			
	3시간			
5일	1시간	PART 05 로마자 표기법 PART 06 외래어 표기법	① ____ ② ____ ③ ____ ④ ____ ⑤ ____	☆ ☆ ☆ ☆ ☆ ☆ ☆
	2시간			
	3시간			
	4시간			

2024 출제자가 좋아하는 포인트만 배운다!

박혜선 국어 '만점 릴레이' 커리큘럼

2024 赤功 국어 박혜선

정규 커리큘럼

단계별 커리큘럼		항상 실시되는 커리큘럼
최빈출 먼저 보고 시작할게요 [1단계: 초보입문]	시작! 초보자들의 능력 up(초능력)	[2단계] 출좋포 어휘 한자 & [All In One 진도 맞춤] 만점 릴레이 적중 하프 & 스파르타 일일 모의고사 (매일 10문제씩) & 문법 출좋포 80
赤시 성功하는 기본이론 필수 커리 [2단계: All In One]	만점 출좋포 (문법, 문학, 독해)	
혜선쌤의 100% 적중 믿어요 [3단계: 적중 특강]	만점 출좋포 짝수(문학, 독해) 최단기간 어문규정 최단기간 고전운문	
이론과 기출 분석을 한번에 잡아요 [4단계: 기출 분석]	개념도 새기는 기출(문법) 개념도 새기는 기출(문학) 개념도 새기는 기출(비문학)	
이론 요약 및 문풀 단권화를 해줘요 [5단계: 합격자 최고 추천]	콤팩트한 단원별 문제풀이 (콤단문) 문법 콤팩트한 단원별 문제풀이 (콤단문)독해	
시간 절약 + 시험장 훈련 모의고사 시즌	파이널 적중 동형 모의고사	

1년을 4시간으로 압축하는 전매특허 적중특강

테마별 약점 격파 특강

영역별	1년을 4시간으로 압축
적중률 최고 문법	파이널 문법 출.종.포 시즌 1,2,3 최고 적중 띄어쓰기 족집게 최고 적중 문법 문제 풀이 최고 적중 고전문법 족집게 최빈출 표준어 규정 최고 적중률 문장 고쳐쓰기
적중률 최고 문학	최고 적중 고전운문 족집게 문학 출좋포
적중률 최고 독해	최고 적중 독해 전영역 + PSAT 추론 추론 독해 (빈칸, 사례, 밑줄, PSAT 추론 등)
적중률 최고 어휘, 한자	최빈출 한자 성어 최빈출 고유어, 관용 표현 최빈출 2글자 한자 표기
적중률 최고 군무원 필수	2022 기출, 외래어, 로마자, 띄어쓰기 적중 특강

6개년 국가직 9급

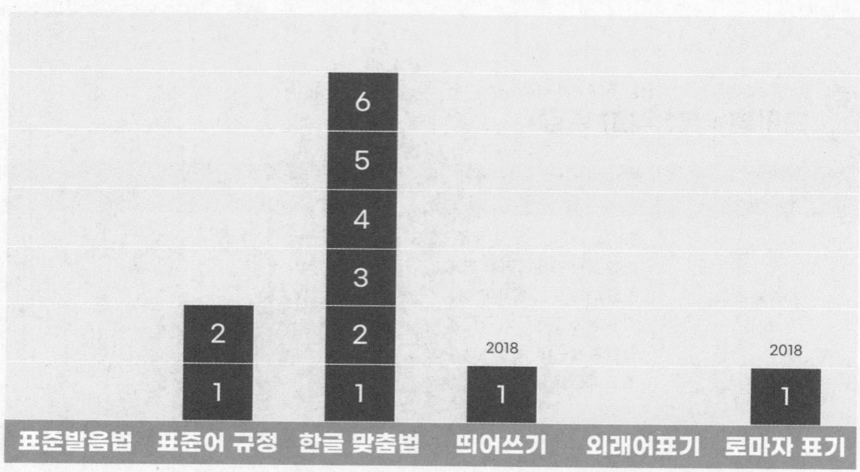

6개년 지방직 9급

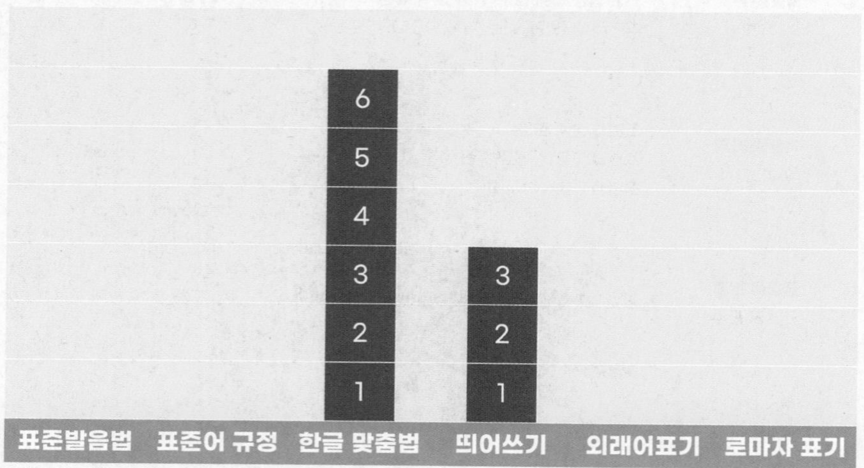

5개년 국가직 7급

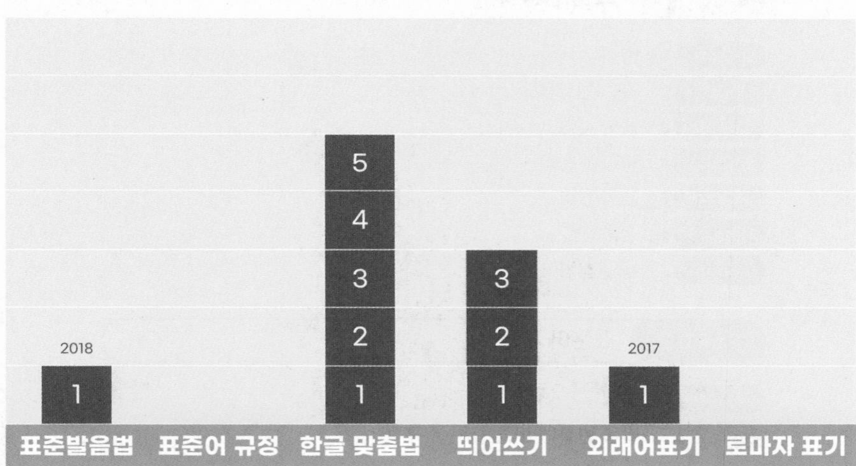

6개년 지방직 7급

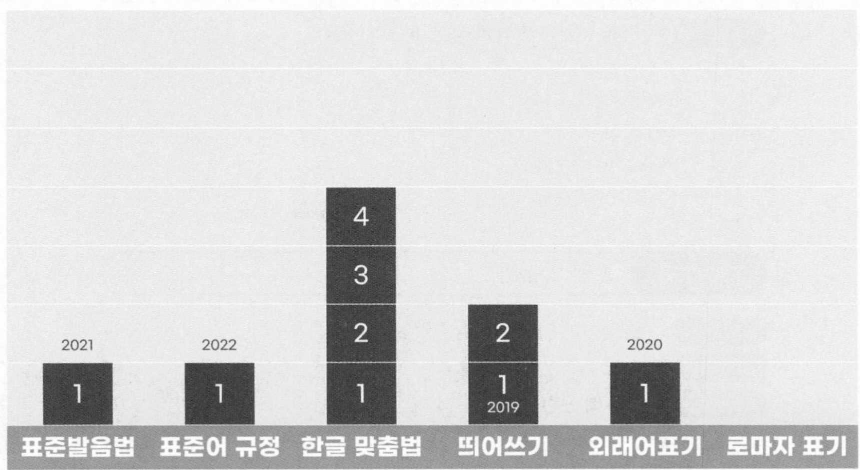

CONTENTS 이 책의 차례

박혜선 최단기간 어문 규정

PART 01

표준 발음법

PART 01

표준 발음법

제1장 총 칙

제1항 | 표준 발음법은 표준어의 ① 실제 발음을 따르되, 국어의 ② 전통성과 ③ 합리성을 고려함을 원칙으로 한다.

제2장 자음과 모음

제4항 | 'ㅏ ㅐ ㅓ ㅔ ㅗ ㅚ ㅜ ㅟ ㅡ ㅣ'는 단모음(單母音)으로 발음한다.

붙 임 'ㅚ, ㅟ'는 원칙적으로 단모음이지만, 이중 모음으로 발음함도 허용한다.

혜선T만의 Only One 출좋포 1 | 'ㅚ'의 발음

ㅚ = [❶ ______(원칙) / ❷ ______(허용)]

최빈출 赤攻기출

표준 발음에 해당되지 않는 것은?

① [민주주의의 의의] ② [민주주의의 의이]
③ [민주주이에 의이] ④ [민주주의이 의의]

정답

❶ ㅚ ❷ ㅞ

해설

'의'는 단어의 첫음절에서는 [의]로만 발음되고, 조사는 [에]로도 발음할 수 있다. 둘째 음절 이하의 '의'는 [이]로도 발음할 수 있다. 따라서 ④ [민주주의이 의의]는 조사 '의'를 '이'로 발음했으므로 적절하지 않다. ▶④

제5항 | 'ㅑ ㅒ ㅕ ㅖ ㅘ ㅙ ㅛ ㅝ ㅞ ㅠ ㅢ'는 이중 모음으로 발음한다.

다만 1. 용언의 활용형에 나타나는 '져, 쪄, 쳐'는 [저, 쩌, 처]로 발음한다.

가져[가저]　　쪄[쩌]　　다쳐[다처]
묻혀[무처]　　붙여[부처]　　잊혀[이처]

혜선T만의 Only One 출좋포 2 | 제5항 다만 1

❶ ________음 'ㅈ, ㅉ, ㅊ' 뒤에 ❷ ________에서 발음되는 반모음 'ㅣ[j]'가 연이어 발음될 수 없기 때문이다.

다만 2. '예, 례' 이외의 'ㅖ'는 [ㅔ]로도 발음한다.

혜선T만의 Only One 출좋포 3 | 제5항 다만 2

1. '예, 례'는 [❸ ______]로만 발음된다.
2. '계, 몌, 폐, 혜'는 [❹ ______](원칙), [❺ ______](허용) 로도 발음한다.

다만 3. 자음을 첫소리로 가지고 있는 음절의 'ㅢ'는 [ㅣ]로 발음한다.

다만 4. 단어의 첫음절 이외의 '의'는 [ㅣ]로, 조사 '의'는 [ㅔ]로 발음함도 허용한다.

혜선T만의 Only One 출좋포 4 | 제5항 다만 3, 다만 4

1. 자음을 가진 'ㅢ' = [❻ ______]로만 발음됨.
2. 첫째 음절 '의' = [❼ ______]로만 발음됨.
3. 둘째 음절 이하 '의' = [❽ ______](원칙) [❾ ______](허용)
4. 관형격 조사 '의' = [❿ ______](원칙) [⓫ ______](허용)

정답

❶ 경구개 ❷ 경구개 ❸ ㅖ
❹ ㅖ ❺ ㅔ ❻ ㅣ ❼ 의
❽ ㅢ ❾ ㅣ ❿ ㅢ ⓫ ㅔ

[Q1] 이중 모음의 표준 발음으로 옳은 것에 ○표 하시오.

❶ 가지+어	[가져, 가저]	❷ 찌+어	[쪄, 쩌]
❸ 닫히+어	[다텨, 다쳐, 다처]	❹ 젖히+어	[저텨, 저쳐, 저처]
❺ 붙이+어	[부텨, 부쳐, 부처]	❻ 혜선	[혜선, 헤선]
❼ 몌별	[몌별, 메별]	❽ 폐해	[폐해, 페해, 패해]
❾ 예절	[예절, 에절]	❿ 늴리리	[닐리리, 늴리리]
⓫ 희어	[희어, 희여, 히어, 히여]	⓬ 차례	[차례, 차레]
⓭ 무늬	[무늬, 무니]	⓮ 문의	[무:늬, 무:니]
⓯ 의의	[의의, 의이, 이의, 이이]	⓰ 성의의	[성의의, 성이의, 성의에, 성이에]
⓱ 횟집	[횓찝, 휀찝, 휃찝, 회찝, 회찝, 훼찝]	⓲ 혼례	[혼녜, 홀례]
⓳ 다치+어	[다쳐, 다처]	⓴ 뇌리	[뇌리, 눼리, 놰리]
㉑ 계산	[계산, 게산]	㉒ 혜안	[혜안, 헤안, 해안]
㉓ 띄어쓰기	[띄여쓰기, 띄어쓰기, 띠어쓰기, 띠여쓰기]	㉔ 주의	[주의, 주이, 주에]
㉕ 협의	[혀븨, 혀비]	㉖ 회의의	[회의의, 회이의, 홰의에, 훼이에]
㉗ 재례	[재례, 재레]	㉘ 기예	[기예, 기에]
㉙ 괴리	[괴리, 괘리, 궤리]	㉚ 희떱다	[희떱따, 히떱따, 히떱다]

정답

❶ 가저 ❷ 쩌 ❸ 다처 ❹ 저처
❺ 부처 ❻ 혜선, 헤선
❼ 몌별, 메별 ❽ 폐해, 페해
❾ 예절 ❿ 닐리리
⓫ 히어, 히여 ⓬ 차례 ⓭ 무니
⓮ 무:늬, 무:니
⓯ 의의, 의이
⓰ 성의의, 성이의, 성의에, 성이에
⓱ 횓찝, 휃찝, 회찝, 훼찝
⓲ 홀례 ⓳ 다처
⓴ 뇌리, 눼리 ㉑ 계산, 게산
㉒ 혜안, 헤안
㉓ 띠어쓰기, 띠여쓰기
㉔ 주의, 주이 ㉕ 혀븨, 혀비
㉖ 회의의, 회이의, 훼이에
㉗ 재례 ㉘ 기예 ㉙ 괴리, 궤리
㉚ 히떱따

제3장 음의 길이

최빈출 亦攻기출

다음 밑줄 친 ㉠~㉤ 중 표준 발음으로 옳은 것을 모두 고르면?

2018. 국회직 8급

- 이 문제는 입주민들과의 ㉠ 협의[혀븨]를 통해서 해결합시다.
- 외국인들은 한글의 복잡한 ㉡ 띄어쓰기[띄어쓰기]를 어려워한다.
- 관객들이 ㉢ 썰물[썰:물]처럼 빠져나갔다.
- 나라다운 나라 만들기라는 ㉣ 우리의[우리에] 소망이 이루어질까?
- ㉤ 반신반의[반:신바:니]하는 분위기였다.

① ㉠, ㉡, ㉢ ② ㉠, ㉢, ㉣
③ ㉠, ㉣, ㉤ ④ ㉡, ㉢, ㉤
⑤ ㉡, ㉣, ㉤

해설

㉠ '협의'의 '의'는 둘째 음절에 있으므로 [ㅢ], [ㅣ]로 발음된다. 따라서 '협의'는 [혀븨/혀비]로 발음되므로 ㉠은 옳다.
㉣ '우리의'의 '의'는 관형격 조사이므로 [ㅢ], [ㅔ]로 발음된다. 따라서 [우리의/우리에]로 발음되므로 ㉣은 옳다.
㉤ 합성어의 경우에는 첫음절 외에도 둘째 음절 이하에서도 분명한 긴소리를 인정하므로(표준 발음법 제6항, 다만 1.) '반신반의'는 [반:신바:늬/반:신바:니]로 발음할 수 있다.

오답풀이 ㉡ 자음이 얹힌 'ㅢ'는 [ㅣ]로만 발음되므로, '띄어쓰기[띠어쓰기, 띠여쓰기]로 발음해야 한다.
㉢ 표준 발음법 제7항, 붙임에 의하면 '밀-물, 썰-물, 쏜-살-같이, 작은-아버지'와 같은 합성어에서는 본디의 길이에 관계없이 짧게 발음하므로 [썰물]이 옳다. ▶③

제6항 | 모음의 장단을 구별하여 발음하되, 단어의 첫 음절에서만 긴소리가 나타나는 것을 원칙으로 한다.

눈보라[눈:보라] / 첫눈[천눈]
말씨[말:씨] / 참말[참말]
밤나무[밤:나무] / 쌍동밤[쌍동밤]
많다[만:타] / 수많이[수:마니]
벌리다[벌:리다] / 떠벌리다[떠벌리다]

혜선T만의 Only One 출좋포 5 | 모음의 장단

단어의 첫 음절에서만 ❶ ________가 나고, 둘째 음절 이하에서는 ❷ ________로 바뀐다.

정답

❶ 긴소리 ❷ 짧은 소리

다만 1. 합성어의 경우에는 둘째 음절 이하에서도 분명한 긴소리를 인정한다.

혜선T만의 Only One 출좋포 6 | 제6항 다만 1

다만, '❶ ________, ❷ ________, ❸ ________, ❹ ________'만 둘째 음절 이하에서도 긴소리로 발음된다.

붙 임 용언의 단음절 어간에 어미 '-아/-어'가 결합되어 한 음절로 축약되는 경우에도 긴소리로 발음한다.

보아 → 봐[봐:]　　기어 → 겨[겨:]
되어 → 돼[돼:]　　보이다 → 뵈다[뵈:다/붸:다]
아이 → 애[애:]　　사이 → 새[새:]

다만 2. '오아 → 와, 지어 → 져, 찌어 → 쪄, 치어 → 쳐' 등은 긴소리로 발음하지 않는다.

혜선T만의 Only One 출좋포 7 | 제6항 다만 2

두 음절이 하나의 음절로 축약되므로 ❺ ________가 일어나는 것이다.

제7항 | 긴소리를 가진 음절이라도, 다음과 같은 경우에는 짧게 발음한다.

1. 단음절인 용언 어간에 모음으로 시작된 어미가 결합되는 경우

밟다[밥:따] – 밟으면[발브면]
알다[알:다] – 알아[아라]
신다[신:따] – 신어[시너]
감다[감:따] – 감으니[가므니]

다만, 다음과 같은 경우에는 예외적이다.

끌다[끌:다] – 끌어[끄:러]
벌다[벌:다] – 벌어[버:러]
썰다[썰:다] – 썰어[써:러]
떫다[떨:따] – 떫은[떨:븐]
없다[업:따] – 없으니[업:쓰니]

❶ 반신반의 ❷ 반관반민
❸ 재삼재사 ❹ 선남선녀
❺ 보상적 장음화

2. 용언 어간에 피동, 사동의 접미사가 결합되는 경우

밟다[밥:따] — 밟히다[발피다]
감다[감:따] — 감기다[감기다]
꼬다[꼬:다] — 꼬이다[꼬이다]

다만, 다음과 같은 경우에는 예외적이다.

끌리다[끌:리다] 벌리다[벌:리다] 없애다[업:쌔다]

붙 임 다음과 같은 복합어에서는 본디의 길이에 관계없이 짧게 발음한다.

밀-물 쏜-살-같이
썰-물 작은-아버지

» 예로 제시된 '밀물, 쏜살같이, 작은아버지'에 쓰인 단어들이 '문을 밀면, 쏜 화살, 작은 손수건' 등과 같이 활용형으로 쓰일 때에는 '밀면[밀:면], 쏜[쏜:], 작은[자:근]'과 같이 장모음이 나타남에 비해 합성어의 첫 요소로 쓰일 때에는 짧은 모음이 나타난다. 이러한 예외적인 현상은 일부 활용형에서만 나타날 뿐, 모든 용언의 활용형이 합성어의 첫 요소로 쓰일 때 그 길이가 짧아지는 것은 아니다.

혜선T만의 Only One 출좋포 8 | 제7항

단음절인 용언 어간에 ❶ ________, ❷ ________, ❸ ________가 결합되는 경우에는 짧은 소리로 바뀐다.

다만, '❹ ____다, ❺ ____다, ❻ ____다, ❼ ____다, ❽ ____다'는 뭐가 결합되든 계속 길게 발음된다.

붙 임 '❾ ________, ❿ ________, ⓫ ________, ⓬ ________'는 모두 짧게 발음된다.

❶ 모음 어미 ❷ 사동
❸ 피동의 접미사 ❹ 끌
❺ 벌 ❻ 썰 ❼ 떫 ❽ 없
❾ 밀물 ❿ 썰물 ⓫ 쏜살같이
⓬ 작은아버지

[Q2] 장단음의 표준 발음으로 옳은 것에 ○표 하시오.

❶ 눈사람	[눈:싸람, 눈싸람]	❷ 싸락눈	[싸락눈:, 싸랑눈:, 싸락눈, 싸랑눈]
❸ 말씨	[말:씨, 말씨]	❹ 참말	[참말:, 참말]
❺ 쌍동밤	[쌍동밤:, 쌍동밤]	❻ 밤나무	[밤:나무, 밤나무]
❼ 보아 → 봐	[봐:, 봐]	❽ 오아 → 와	[와:, 와]
❾ 치어 → 쳐	[쳐:, 쳐, 처:, 처]	❿ 반신반의	[반:신바늬, 반:신바니, 반:신바:늬, 반:신바:니]
⓫ 끌리다	[끌:리다, 끌리다]]	⓬ 꼬이다	[꼬:이다, 꼬이다]
⓭ 밟다	[밥:따, 밥따]	⓮ 밟히다	[발:피다, 발피다]
⓯ 벌다	[벌:다, 벌다]	⓰ 벌리다	[벌:리다, 벌리다]
⓱ 떠벌리다	[떠:벌리다, 떠벌리다]	⓲ 끌다	[끌:다, 끌다]
⓳ 끌리다	[끌:리다, 끌리다]	⓴ 작은바늘	[자근:바늘, 자근바늘]
㉑ 쏜살같이	[쏜:살가치, 쏜살가치]	㉒ 없다	[없:다, 없다]
㉓ 감다	[감:다, 감다]	㉔ 감기다	[감:기다, 감기다]
㉕ 없으니	[업:쓰니, 업쓰니, 업스니]	㉖ 없애다	[업:쌔다, 업쌔다, 업새다]
㉗ 신다	[신:따, 신따, 신:다]	㉘ 떫다	[떨:따, 떨따, 떱:따, 떱따]
㉙ 알다	[알:다, 알다]	㉚ 알리다	[알:리다, 알리다]
㉛ 기어 → 겨	[겨:, 겨]	㉜ 되어 → 돼	[돼:, 돼]
㉝ 사이 → 새	[새:, 새]	㉞ 보이다 → 뵈다	[뵈:다, 뵈다, 붸:다, 붸다, 배다]
㉟ 많다	[만:타, 만타]	㊱ 썰물	[썰:물, 썰물]

정답

❶ 눈:싸람 ❷ 싸랑눈 ❸ 말:씨
❹ 참말 ❺ 쌍동밤 ❻ 밤:나무
❼ 봐: ❽ 와 ❾ 처
❿ 반:신바:늬, 반:신바:니
⓫ 끌:리다 ⓬ 꼬이다
⓭ 밥:따 ⓮ 발피다 ⓯ 벌:다
⓰ 벌:리다 ⓱ 떠벌리다
⓲ 끌:다 ⓳ 끌:리다
⓴ 자근바늘 ㉑ 쏜살가치
㉒ 없:다 ㉓ 감:다 ㉔ 감기다
㉕ 업:쓰니 ㉖ 업:쌔다
㉗ 신:따 ㉘ 떨:따 ㉙ 알:다
㉚ 알리다 ㉛ 겨: ㉜ 돼:
㉝ 새: ㉞ 뵈:다, 붸:다
㉟ 만:타 ㊱ 썰물

01

제4장 받침의 발음

제8항 | 받침소리로는 'ㄱ, ㄴ, ㄷ, ㄹ, ㅁ, ㅂ, ㅇ'의 7개 자음만 발음한다.

혜선T만의 Only One 출좋포 9 | 제8항

받침에 무슨 소리가 오든 ❶ ______ 대표음 중 하나로 바뀐다.

대표음화, 중화 ┌ ❷ ______________________(교체)
└ ❸ ____________________(탈락)

최빈출 亦攷기출

01. 표준 발음법 제12항을 고려할 때 표준 발음으로 옳은 것은?

> 「표준어 규정」제2부 표준 발음법
> 제12항 받침 ㅎ 의 발음은 다음과 같다.
> 1. 'ㅎ(ㄶ, ㅀ)' 뒤에 'ㄱ, ㄷ, ㅈ'이 결합되는 경우에는, 뒤 음절 첫소리와 합쳐서 [ㅋ, ㅌ, ㅊ]으로 발음한다.
> 2. 'ㅎ(ㄶ, ㅀ)' 뒤에 'ㅅ'이 결합되는 경우에는, 'ㅅ'을 [ㅆ]으로 발음한다.
> 3. 'ㅎ' 뒤에 'ㄴ'이 결합되는 경우에는, [ㄴ]으로 발음한다.
> 4. 'ㅎ(ㄶ, ㅀ)' 뒤에 모음으로 시작된 어미나 접미사가 결합되는 경우에는, 'ㅎ'을 발음하지 않는다.

① 나의 마음이 닿는[닫는] 데까지 해보겠다.
② 와, 찌개가 맛있게 끓네[끌레].
③ 흰둥이가 강아지를 낳습니다[낟씁니다].
④ 희망을 절대로 놓지[논찌] 마라.

정답

❶ 7 ❷ 음절의 끝소리 규칙
❸ 자음군 단순화

해설

01 'ㅀ' 받침은 [ㄹ]로 자음군 단순화된다. 그 이후에 뒤의 'ㄴ'이 앞의 'ㄹ'에서 'ㄹ' 소리로 동화되는 유음화가 일어나 [끌레]로 소리난다.

오답풀이 ① 3. 'ㅎ' 뒤에 'ㄴ'이 결합되는 경우에는, [ㄴ]으로 발음한다. [닫는]으로 발음해야 한다.
③ 2. 'ㅎ(ㄶ, ㅀ)' 뒤에 'ㅅ'이 결합되는 경우에는, 'ㅅ'을 [ㅆ]으로 발음한다. [나씁니다]로 발음해야 한다.
④ 1. 'ㅎ(ㄶ, ㅀ)' 뒤에 'ㄱ, ㄷ, ㅈ'이 결합되는 경우에는, 뒤 음절 첫소리와 합쳐서 [ㅋ, ㅌ, ㅊ]으로 발음한다. [노치]로 발음해야 한다. ▶②

02. 밑줄 친 ㉠을 고려할 때 표준 발음으로 옳지 않은 것은?

2017. 서울시 사회복지직 9급

> 「표준어 규정」제2부 표준 발음법
> 제12항 받침 ㅎ 의 발음은 다음과 같다.
> 4. ㉠ 'ㅎ(ㄶ, ㅀ)' 뒤에 모음으로 시작된 어미나 접미사가 결합되는 경우에는, 'ㅎ'을 발음하지 않는다.
>
> > 낳은[나은], 쌓이다[싸이다], 많아[마:나], 싫어도[시러도]……

① 바지가 다 닳아서[다라서] 못 입게 되었다.
② 저녁 반찬으로 찌개를 끓이고[끄리고] 있다.
③ 가지고 온 책은 책상 위에 놓아[노아] 두렴.
④ 기회를 놓치지 않은[안는] 사람이 결국에는 성공하더라.

제12항 | 받침 'ㅎ'의 발음은 다음과 같다.

1. 'ㅎ'과 'ㄱ, ㄷ, ㅈ'이 결합되는 경우에는, 뒤 음절 첫소리와 합쳐서 [ㅋ, ㅌ, ㅊ]으로 발음한다.

놓고[노코] 좋던[조:턴] 쌓지[싸치]
많고[만:코] 않던[안턴] 닳지[달치]

각하[가카] 먹히다[머키다] 밝히다[발키다]
맏형[마텽] 좁히다[조피다] 넓히다[널피다]
꽂히다[꼬치다] 앉히다[안치다]

옷 한 벌[오탄벌] 낮 한때[나탄때]
꽃 한 송이[꼬탄송이] 숱하다[수타다]

2. 'ㅎ(ㄶ, ㅀ)' 뒤에 'ㅅ'이 결합되는 경우에는, 'ㅅ'을 [ㅆ]으로 발음한다.

닿소[다:쏘] 많소[만:쏘] 싫소[실쏘]

해설

02 '않은'의 '-은' 모음으로 시작하는 어미이므로 'ㅎ'이 탈락되어 [안는]이 아니라 [아는]으로 발음된다.

오답풀이 ①②③ '닳아서'에서 '-아서', '끓이고'에서 '-이-', '놓아'에서 '-아'는 각각 모음으로 시작하는 '연결 어미, 사동 접미사, 연결 어미'이다. 이들은 모음으로 시작된 어미나 접미사(형식 형태소)이므로 'ㅎ'이 탈락되어 [다라서], [끄리고], [노아]라고 발음하게 된다. ▶④

3. ‘ㅎ’ 뒤에 ‘ㄴ’이 결합되는 경우에는, [ㄴ]으로 발음한다.

놓는[논는] 쌓네[싼네]

붙임 ‘ㄶ, ㅀ’ 뒤에 ‘ㄴ’이 결합되는 경우에는, ‘ㅎ’을 발음하지 않는다.

않네[안네] 않는[안는]
뚫네[뚤네 → 뚤레] 뚫는[뚤는 → 뚤른]

4. ‘ㅎ(ㄶ, ㅀ)’ 뒤에 모음으로 시작된 어미나 접미사가 결합되는 경우에는, ‘ㅎ’을 발음하지 않는다.

낳은[나은] 놓아[노아] 쌓이다[싸이다]
많아[마ː나] 않은[아는] 닳아[다라]
싫어도[시러도]

혜선T만의 Only One 출좋포 10 | 제12항

받침 ‘ㅎ’의 발음

1. 자음 축약

2. ❶ ______ + ❷ ______ = ❸ ______

3. 음절의 끝소리 규칙 후 비음화

붙임 ㄶ : 않는[안는] : ㅎ 탈락
ㅀ : 끓네[끌레] : ㅎ 탈락 후 유음화

4. ❹ ______ 탈락

정답

❶ ㅎ ❷ ㅅ ❸ ㅆ ❹ ㅎ

[Q3] 올바른 표준 발음을 적으시오.

❶ 각하 [ ]	❷ 맏형 [ ]
❸ 좋던 [ ]	❹ 국 한 그릇 [ ]
❺ 닭지 [ ]	❻ 밝히다 [ ]
❼ 놓고 [ ]	❽ 쌓지 [ ]
❾ 끗끗하다 [ ]	❿ 몇 할 [ ]
⓫ 옷 한 벌 [ ]	⓬ 숱하다 [ ]
⓭ 꽃 한 송이 [ ]	⓮ 넓히다 [ ]
⓯ 앉히다 [ ]	⓰ 밥 한 그릇 [ ]
⓱ 쌓네 [ ]	⓲ 놓는 [ ]
⓳ 싫소 [ ]	⓴ 닿소 [ ]
㉑ 끓사오니 [ ]	㉒ 싫증 [ ]
㉓ 낮 한때 [ ]	㉔ 뭇 희망 [ ]
㉕ 앓네 [ ]	㉖ 앓는 [ ]
㉗ 쌓이다 [ ]	㉘ 닮아 [ ]
㉙ 싫어도 [ ]	㉚ 많아 [ ]
㉛ 닮소 [ ]	㉜ 않은 [ ]
㉝ 않네 [ ]	㉞ 먹히다 [ ]

정답

❶ 가카 ❷ 마텽 ❸ 조턴 ❹ 구칸그륻 ❺ 달치 ❻ 발키다 ❼ 노코 ❽ 싸치 ❾ 끋꾸타다 ❿ 며탈 ⓫ 오탄벌 ⓬ 수타다 ⓭ 꼬탄송이 ⓮ 널피다 ⓯ 안치다 ⓰ 바판그륻 ⓱ 싼네 ⓲ 논는 ⓳ 실쏘 ⓴ 다:쏘 ㉑ 끌싸오니 ㉒ 실쯩 ㉓ 나탄때 ㉔ 무티망 ㉕ 알네 → 알레 ㉖ 알는 → 알른 ㉗ 싸이다 ㉘ 다라 ㉙ 시러도 ㉚ 마:나 ㉛ 달쏘 ㉜ 아는 ㉝ 안네 ㉞ 머키다

[Q4] 올바른 표준 발음에 ○표 하시오.

❶ 전화 [전화, 저놔]	❷ 불화 [불화, 부롸]
❸ 신화 [신화, 시놔]	❹ 철학 [철학, 처락]
❺ 고향 [고향, 고양]	❻ 면허 [면:허, 며:너]
❼ 실학 [실학, 시락]	❽ 문학 [문학, 무낙]
❾ 신선하다[신선하다, 신서나다]	❿ 셈하다 [셈:하다, 세:마다]
⓫ 주저하다 [주저하다, 주저아다]	⓬ 진술하다 [진:술하다, 진:수라다]

정답

❶ 전화 ❷ 불화 ❸ 신화 ❹ 철학 ❺ 고향 ❻ 면:허 ❼ 실학 ❽ 문학 ❾ 신선하다 ❿ 셈:하다 ⓫ 주저하다 ⓬ 진:술하다

제13항 | 홑받침이나 쌍받침이 모음으로 시작된 조사나 어미, 접미사와 결합되는 경우에는 제 음가대로 뒤 음절 첫소리로 옮겨 발음한다.

제14항 | 겹받침이 모음으로 시작된 조사나 어미, 접미사와 결합되는 경우에는, 뒤엣것만을 뒤 음절 첫소리로 옮겨 발음한다(이 경우, 'ㅅ'은 된소리로 발음함).

혜선T만의 Only One 출좋포 11 | 모음 형식 형태소의 발음

모음 ❶ ________ 형태소가 오는 경우에는 홑받침이든 쌍받침이든 겹받침이든 ❷ ________ 없이 ❸ ________ 된다.

다만, 겹받침이 ❹ ______ 으로 끝나는 경우에는 ❺ ________ 로 바꿔서 연음한다.

[Q5] 올바른 표준 발음에 ○표 하시오.

❶ 꽃이 [꼬치, 꼬시]	❷ 꽂았다 [꼬잗따, 꼬삳따]
❸ 무릎에 [무르페, 무르베]	❹ 무릎 위 [무르퓌, 무르뷔]
❺ 부엌이 [부어키, 부어기]	❻ 부엌 안 [부어칸, 부어간]
❼ 바깥을 [바까틀, 바까츨]	❽ 바깥이 [바까티, 바까치, 바까시]
❾ 바깥만 [바깓만, 바깐만]	❿ 밭을 [바틀, 바츨]
⓫ 밭이 [바티, 바치]	⓬ 밭만 [받만, 반만]
⓭ 붙이다 [부티다, 부치다]	

[Q6] 올바른 표준 발음을 적으시오.

❶ 깎아 [ ]	❷ 좇아 [ ]
❸ 덮이다 [ ]	❹ 젖이 [ ]
❺ 낮이 [ ]	❻ 꿉았다 [ ]

정답

❶ 형식 ❷ 대표음화 ❸ 연음
❹ ㅅ ❺ 된소리(ㅆ)

정답

❶ 꼬치 ❷ 꼬잗따 ❸ 무르페
❹ 무르뷔 ❺ 부어키 ❻ 부어간
❼ 바까틀 ❽ 바까치 ❾ 바깐만
❿ 바틀 ⓫ 바치 ⓬ 반만
⓭ 부치다

정답

❶ 까까 ❷ 조차 ❸ 더피다
❹ 저지 ❺ 나지 ❻ 꼬받따

[Q7] 올바른 표준 발음에 ○표 하시오.

❶ 넋을 [넉슬, 넉쓸]	❷ 닭에 [달게, 다게]
❸ 젊은 [절믄, 저믄]	❹ 없어 [업서, 업써, 업:써]
❺ 외곬으로 [외고르로, 외골스로, 외골쓰로]	❻ 삯이[사기, 삭시, 삭씨]
❼ 값의 [갑싀, 갑세, 갑씌, 갑쎄]	❽ 읊었다 [을펃따, 을퍼따, 으벋따]
❾ 삶에 [살메, 사메]	❿ 않아 [안하, 아나]
⓫ 훑이다 [훌티다, 훌치다]	⓬ 핥이다 [할티다, 할치다]
⓭ 닭의난초 [달긔난초, 달게난초, 달기난초, 다긔난초, 다게난초]	

정답

❶ 넉쓸 ❷ 달게 ❸ 절믄
❹ 업:써 ❺ 외골쓰로 ❻ 삭씨
❼ 갑씌, 갑쎄 ❽ 을펃따
❾ 살메 ❿ 아나 ⓫ 훌치다
⓬ 할치다
⓭ 달긔난초, 달게난초

최빈출 赤攻기출

다음 단어들의 표준 발음으로 옳은 것은?

> 낫으로, 헛웃음, 엷다, 밟지

① [나드로], [허수슴], [엽:따], [밥:찌]
② [나스로], [허두슴], [열:따], [밥:찌]
③ [나드로], [허두슴], [엽:따], [발:찌]
④ [나스로], [허수슴], [열:따], [밥:찌]

해설

- 낫으로[나스로]: '낫으로'는 '받침으로 끝난 실질 형태소+모음으로 시작하는 형식 형태소'의 구조이므로 연음되어 [나스로]로 발음한다.
- 헛웃음[허두슴]: '헛웃음'은 '받침으로 끝난 실질 형태소+모음으로 시작하는 실질 형태소'의 구조이다. 이 경우에는 음절의 끝소리 규칙이 일어나 [헏우슴]이 된 후, 연음이 일어나 [허두슴]으로 최종 발음된다.
- 엷다[열:따]: 'ㄼ'는 [ㄹ]로 소리 나므로 '엷다'는 [열:따]로 발음된다. (비슷한 예로는 '여덟[여덜]', '넓다[널따]', 얇다[얄:따], 짧다[짤따], 떫다[떨:따], 섧다[설:따],' 등이 있다.)'ㄼ' 뒤에서는 된소리가 된다.
- 밟지[밥:찌]: '밟-'은 자음 앞에서 [밥]으로 발음한다. 'ㄼ' 뒤에서는 된소리가 된다.

▶②

제15항 | 받침 뒤에 모음 'ㅏ, ㅓ, ㅗ, ㅜ, ㅟ'들로 시작되는 실질 형태소가 연결되는 경우에는, 대표음으로 바꾸어서 뒤 음절 첫소리로 옮겨 발음한다.

혜선T만의 Only One 출좋포 12 | 모음 실질 형태소의 발음

모음 ❶ ________ 형태소가 오는 경우에는 홑받침이든 쌍받침이든 겹받침이든 ❷ ________ 후 ❸ ________한다.

다만, '맛있다[마딛따], 멋있다[머딛따]' 이 2개만
[마딛따], [머딛따](원칙) / [마싣따], [머싣따](허용)으로 발음된다.

[Q8] 올바른 표준 발음에 ○표 하시오.

❶ 넋 있다 [넉씯따, 넉씯다, 너긷따, 너긷다]	❷ 늪 안에 [느파네, 느바네]
❸ 밭 아래 [바타래, 바다래]	❹ 멋없다 [머섭따, 머덥따]
❺ 젖어미 [저더미, 저저미]	❻ 헛웃음 [허두슴, 허수슴]
❼ 꽃 아래 [꼬차래, 꼬다래]	❽ 값어치 [가버치, 갑서치, 갑써치]
❾ 멋있다 [머디따, 머시따, 머딛따, 머싣따]	❿ 맛있다 [마디따, 마시따, 마딛따, 마싣따]

최빈출 亦攻기출

다음의 밑줄 친 부분에 대한 표준 발음으로 옳은 것은?

① 그녀의 얼굴에는 더 이상 애써 짓는 헛웃음[허수슴]은 보이지 않았다.
② 관객들이 썰물[썰:물]처럼 빠져나갔다.
③ 30분 동안 앉아 있었더니 무릎이[무르비] 저리다.
④ 연변에 살던 분들은 한글 자모 '지읒을[지으슬]' 서울사람과는 달리 발음한다.

정답

❶ 실질 ❷ 대표음화 ❸ 연음

정답

❶ 너긷따 ❷ 느바네 ❸ 바다래
❹ 머덥따 ❺ 저더미 ❻ 허두슴
❼ 꼬다래 ❽ 가버치
❾ 머딛따 머싣따
❿ 마딛따, 마싣따

해설

한글 자음이 연음하는 경우에는 [지으즐]이 아니라 [지으슬]이 옳다.

오답풀이 ① 헛웃음 : [헛웃음 → (음절의 끝소리 규칙, 연음) → 허두슴]
② 표준 발음법 제7항, 붙임에 의하면 '밀-물, 썰-물, 쏜-살-같이, 작은-아버지'와 같은 합성어에서는 본디의 길이에 관계없이 짧게 발음하므로 [썰물]이 옳다.
③ 무릎이 : 모음으로 시작하는 형식 형태소가 오는 경우에는 그대로 연음되므로 [무르피]가 옳다. ▶④

제16항 | 한글 자모의 이름은 그 받침소리를 연음하되, 'ㄷ, ㅈ, ㅊ, ㅋ, ㅌ, ㅍ, ㅎ'의 경우에는 특별히 다음과 같이 발음한다.

혜선T만의 Only One 출좋포 13 | 제16항

한글 자모의 이름은 ❶ ______ 후에 ❷ ______한다.

다만, 음절의 끝소리 규칙이 적용되어 '❸ ____'으로 발음된 것들은 모두 '❹ ____'으로 바꿔서 연음한다.

디귿이[디그시]	디귿을[디그슬]	디귿에[디그세]
지읒이[지으시]	지읒을[지으슬]	지읒에[지으세]
치읓이[치으시]	치읓을[치으슬]	치읓에[치으세]
키읔이[키으기]	키읔을[키으글]	키읔에[키으게]
티읕이[티으시]	티읕을[티으슬]	티읕에[티으세]
피읖이[피으비]	피읖을[피으블]	피읖에[피으베]
히읗이[히으시]	히읗을[히으슬]	히읗에[히으세]

자주 헷갈리는 한글 자모의 이름
기역, 키읔 / 디귿, 티읕 / 시옷

[Q9] 올바른 표준 발음에 ○표 하시오.

❶ 디귿 [디귿, 디귿]	❷ 디귿이 [디그디, 디그시]
❸ 지읒 [지읃, 지읒]	❹ 지읒이 [지으지, 지으시]
❺ 치읓 [치읃, 치읓]	❻ 치읓이 [치으치, 치으시]
❼ 키읔 [키읔, 키윽]	❽ 키읔이 [키으키, 키으기]
❾ 티읕 [티읃, 티읕]	❿ 티읕이 [티으티, 티으시]
⓫ 피읖 [피읖, 피읍]	⓬ 피읖이 [피으피, 피으비]
⓭ 히읗 [히읃, 히읗]	⓮ 히읗이 [히으히, 히으시]

정답
❶ 음절의 끝소리 규칙 ❷ 연음
❸ ㄷ ❹ ㅅ

정답
❶ 디귿 ❷ 디그시 ❸ 지읃
❹ 지으시 ❺ 치읃 ❻ 치으시
❼ 키윽 ❽ 키으기 ❾ 티읃
❿ 티으시 ⓫ 피읍 ⓬ 피으비
⓭ 히읃 ⓮ 히으시

제5장 음의 동화

제20항 | 'ㄴ'은 'ㄹ'의 앞이나 뒤에서 [ㄹ]로 발음한다.

1. 난로[날:로] 신라[실라] 천리[철리]
광한루[광:할루] 대관령[대:괄령]

2. 칼날[칼랄] 물난리[물랄리] 줄넘기[줄럼끼]
할는지[할른지]

붙 임 첫소리 'ㄴ'이 'ㅀ', 'ㄾ' 뒤에 연결되는 경우에도 이에 준한다.
닳는[달른] 뚫는[뚤른] 핥네[할레]

다만, 다음과 같은 단어들은 'ㄹ'을 [ㄴ]으로 발음한다.

의견란[의:견난] 임진란[임:진난] 생산량[생산냥]
결단력[결딴녁] 공권력[공꿘녁] 동원령[동:원녕]
상견례[상견녜] 횡단로[횡단노] 이원론[이:원논]
입원료[이붠뇨] 구근류[구근뉴] 음운론[으문논]

혜선T만의 Only One 출좋포 14 | 제20항 유음화 & 예외

제20항 | 'ㄴ'과 'ㄹ'이 인접하면 '❶ ______'이 이긴다.

붙 임 받침 'ㅀ', 'ㄾ', 'ㄼ' 'ㅀ' 뒤에 'ㄴ'이 오면 ❷ ______가 일어난 후 ❸ ______가 일어난다.

'ㄹ'로 시작하는 받침들 : ㄺ ㄻ ㄼ ㄽ ㄾ ㄿ ㅀ

다만, 유음화의 예외 : ❹ ______ 구성의 한자어

정답

❶ ㄹ ❷ 자음군 단순화
❸ 유음화 ❹ 2+1

[Q10] 올바른 표준 발음에 ○표 하시오.

❶ 난로 [난:로, 날:로]	❷ 천리 [천리, 철리]
❸ 대관령 [대:괄령, 대:관녕]	❹ 광한루 [광:할루, 광:한누]
❺ 선릉 [설릉, 선능]	❻ 끊니 [끈니, 끌리]
❼ 물난리 [물랄리, 물날리]	❽ 할는지 [할른지, 할는지]
❾ 줄넘기 [줄넘끼, 줄럼끼]	❿ 닳는 [달는, 달른]
⓫ 훑네 [훌네, 훌레]	⓬ 떡볶이 먹을 날 [떡뽀끼머글랄, 떡보끼먹을랄]
⓭ 권력 [권녁, 궐력]	⓮ 공권력 [공꿘녁, 공궐력]
⓯ 원령 [원녕, 월령]	⓰ 동원령 [동:원녕, 동:월령]
⓱ 원료 [원뇨, 월료]	⓲ 입원료 [이붠뇨, 이뷜료]
⓳ 의견란 [의:견난, 의:결란]	⓴ 임진란 [임:진난, 임:질란]
㉑ 생산량 [생살량, 생산냥]	㉒ 결단력 [결딸력, 결딴녁]
㉓ 상견례 [상견녜, 상결례, 상견네]	㉔ 횡단로 [횡단노, 횡달로]
㉕ 이원론 [이:월론, 이:원논]	㉖ 구근류 [구글류, 구근뉴]

최빈출 亦攻기출

밑줄 친 발음이 표준 발음이 아닌 것은?

① 시계[시계/시게]
② 문법[문뻡/뭄뻡]
③ 합격에 대한 논의[노늬]
④ 충의의[충이에] 태도

정답

❶ 날:로 ❷ 철리 ❸ 대:괄령
❹ 광:할루 ❺ 설릉 ❻ 끌리
❼ 물랄리 ❽ 할른지 ❾ 줄럼끼
❿ 달른 ⓫ 훌레
⓬ 떡뽀끼머글랄 ⓭ 궐력
⓮ 공꿘녁 ⓯ 월령 ⓰ 동:원녕
⓱ 월료 ⓲ 이붠뇨 ⓳ 의:견난
⓴ 임:진난 ㉑ 생산냥
㉒ 결딴녁 ㉓ 상견녜
㉔ 횡단노 ㉕ 이:원논
㉖ 구근뉴

해설

'문법'의 표준 발음은 [문뻡]만 옳으므로 [뭄뻡]은 옳지 않다. 뒤의 양순음 'ㅃ'이 앞의 'ㄴ'을 양순음화시켜 'ㅁ'으로 교체하게 하는 것을 '양순음화'라고 한다. 양순음화는 표준발음으로 인정하지 않는다.

오답풀이 ① '예, 례'와 달리 '계, 몌, 폐, 혜'는 [ㅖ](원칙), [ㅔ](허용)으로 발음된다. 따라서 [시계/시게] 모두 표준 발음이다.
③ [노늬](원칙), [노니](허용)로도 발음이 가능하다
④ [충의의], [충의에], [충이의], [충이에] 모두 가능하다. ▶②

제21항 | 위에서 지적한 이외의 자음 동화는 인정하지 않는다.

혜선T만의 Only One 출좋포 15 | 제21항

❶ ________, ❷ ________는 표준 발음이 아니다.

1. 양순음화 : 양순음이 동화의 원인이며 ❸ ______에 위치한다.

예 문법[문뻡] (○) → [뭄뻡]은 양순음화가 된 발음이므로 옳지 않다.
신문[신문] (○) → [심문]은 양순음화가 된 발음이므로 옳지 않다.
젖먹이[전머기] (○) → [점머기]는 양순음화가 된 발음이므로 옳지 않다.

2. 연구개음화 : 연구개음이 동화의 원인이며 ❹ ______에 위치한다.

예 건강[건:강] (○) → [경:강]는 연구개음화가 된 발음이므로 옳지 않다.
감기[감:기] (○) → [강:기]는 연구개음화가 된 발음이므로 옳지 않다.

[Q11] 올바른 표준 발음에 ○표 하시오.

❶ 건강[건:강, 경:강]	❷ 신문[신문, 심문]
❸ 감기 [감:기, 강:기]	❹ 문법 [문뻡, 뭄뻡]
❺ 꽃밭 [꼳빧, 꼽빧]	❻ 있고 [읻꼬, 익꼬]
❼ 옷감 [옫깜, 옥깜]	❽ 젖먹이 [전머기, 점머기]
❾ 꽃길 [꼳낄, 꼭낄]	❿ 숟가락 [숟까락, 숙까락]
⓫ 꽃바구니 [꼳빠구니, 꼽빠구니]	

제22항 | 다음과 같은 용언의 어미는 [어]로 발음함을 원칙으로 하되, [여]로 발음함도 허용한다.
→ 'ㅣ' 모음 순행동화, 반모음 'ㅣ' 첨가

되어[되어/되여]　　　　피어[피어/피여]

붙임 '이오, 아니오'도 이에 준하여 [이요, 아니요]로 발음함을 허용한다.

정답

❶ 양순음화 ❷ 연구개음화
❸ 뒤 ❹ 뒤

정답

❶ 건:강 ❷ 신문 ❸ 감:기
❹ 문뻡 ❺ 꼳빧 ❻ 읻꼬
❼ 옫깜 ❽ 전머기 ❾ 꼳낄
❿ 숟까락 ⓫ 꼳빠구니

[Q12] 올바른 표준 발음에 ○표 하시오.

❶ 되어 [되어, 되여, 뒈어, 뒈여, 돼어, 돼여]	❷ 피어 [피어, 피여]
❸ 씌어 [씌어, 씌여, 씨어, 씨여]	❹ 끼어 [끼어, 끼여]
❺ 이오 [이오, 이요]	❻ 아니오 [아니오, 아니요]
❼ 띄어 [띄어, 띄여, 띠어, 띠여]	

제6장 경음화

혜선T만의 Only One 출좋포 16 | 제24항~제27항

1. ❶ ________ + 예사 ❷ ________ → 된소리
2. 어간 받침 '❸ ______, ❹ ______, ❺ ______, ❻ ______' 뒤
3. 한자음 '❼ ______' 뒤 '❽ ______, ❾ ______, ❿ ______'
4. 관형사형 어미 '⓫ ______' 뒤 된소리

제23항 | 받침 'ㄱ(ㄲ, ㅋ, ㄳ, ㄺ), ㄷ(ㅅ, ㅆ, ㅈ, ㅊ, ㅌ), ㅂ(ㅍ, ㄼ, ㄿ, ㅄ)' 뒤에 연결되는 'ㄱ, ㄷ, ㅂ, ㅅ, ㅈ'은 된소리로 발음한다.

혜선T만의 Only One 출좋포 17 | 제23항 된소리되기

안울림소리 + 예사 안울림 소리

국밥[국빱]	깎다[깍따]
넋받이[넉빠지]+	닭장[닥짱]
칡범[칙뻠]	뻗대다[뻗때다]
있던[읻떤]	꽂고[꼳꼬]
꽃다발[꼳따발]	밭갈이[받까리]
솥전[솓쩐]+	곱돌[곱똘]+
옆집[엽찝]	넓죽하다[넙쭈카다]
읊조리다[읍쪼리다]	삯돈[삭똔]
옷고름[옫꼬름]	값지다[갑찌다]

정답

❶ 되어, 되여, 뒈어, 뒈여
❷ 피어, 피여 ❸ 씌어, 씨여
❹ 끼어, 끼여 ❺ 이오, 이요
❻ 아니오, 아니요
❼ 띄어, 띠여

정답

❶ 안울림소리 ❷ 안울림소리
❸ ㄴ ❹ ㅁ ❺ ㄼ ❻ ㄾ
❼ ㄹ ❽ ㄷ ❾ ㅅ ❿ ㅈ
⓫ -(으)ㄹ

+ 넋받이: 집 밖에서 죽은 사람의 넋을 위로하고 집으로 데려오기 위하여 하는 앉은굿
+ 솥전: 솥 몸의 바깥 중턱에 둘러 댄 전. 솥을 들거나 걸 때 씀.
+ 곱돌: 기름과 같은 광택이 있고 만지면 양초같이 매끈매끈한 암석과 광물의 총칭

01

[Q13] 올바른 표준 발음을 적으시오.

❶ 값지다 [ ]	❷ 솔전 [ ]
❸ 낯설다 [ ]	❹ 꽂고 [ ]
❺ 국밥 [ ]	❻ 뻗대다 [ ]
❼ 옷고름 [ ]	❽ 있던 [ ]
❾ 넓죽하다 [ ]	❿ 넓둥글다 [ ]
⓫ 곱돌 [ ]	⓬ 덮개 [ ]
⓭ 꽃다발 [ ]	⓮ 닭장 [ ]
⓯ 넋받이 [ ]	⓰ 칡범 [ ]
⓱ 옆집 [ ]	⓲ 넋받이 [ ]
⓳ 읊조리다 [ ]	⓴ 짓밟히다 [ ]

제24항 | 어간 받침 'ㄴ(ㄵ), ㅁ(ㄻ)' 뒤에 결합되는 어미의 첫소리 'ㄱ, ㄷ, ㅅ, ㅈ'은 된소리로 발음한다.

신고[신:꼬]　　껴안다[껴안따]
앉고[안꼬]　　얹다[언따]
삼고[삼:꼬]　　더듬지[더듬찌]
닮고[담:꼬]　　젊지[점:찌]

다만, 피동·사동의 접미사 '-기-'는 된소리로 발음하지 않는다.

안기다[안기다]　　감기다[감기다]
굶기다[굼기다]　　옮기다[옴기다]

❶ 갑찌다 ❷ 손쩐 ❸ 낟썰다
❹ 꼳꼬 ❺ 국빱 ❻ 뻗때다
❼ 옫꼬름 ❽ 읻떤
❾ 넙쭈카다 ❿ 넙뚱글다
⓫ 곱똘 ⓬ 덥깨 ⓭ 꼳따발
⓮ 닥짱 ⓯ 넉빠지 ⓰ 칙뻠
⓱ 엽찝 ⓲ 넉빠지 ⓳ 읍쪼리다
⓴ 짇빨피다

제25항 | 어간 받침 'ㄼ, ㄾ' 뒤에 결합되는 어미의 첫소리 'ㄱ, ㄷ, ㅅ, ㅈ'은 된소리로 발음한다.

넓게[널게] 핥다[할따]
훑소[훌쏘] 떫지[떨:찌]

혜선T만의 Only One 출좋포 18 | 제24항, 제25항 된소리되기

어간 받침 'ㄴ, ㅁ, ㄼ, ㄾ' 뒤

[Q14] 올바른 표준 발음에 ○표 하시오.

❶ 신고 [신:꼬, 신:고]	❷ 앉고 [안꼬, 안고]
❸ 안다 [안:따, 안다]	❹ 알-+-ㄴ+다('알다'의 현재형) → 안다 [안따, 안다]
❺ 삼고 [삼:꼬, 삼:고]	❻ 명사형 '신기' [신:끼, 신:기]
❼ 명사형 '삼기' [삼:끼, 삼:기]	❽ 젊지 [점:찌, 점:지]
❾ 닮고 [담:꼬, 담:고]	❿ 안기다 [안:끼다, 안기다]
⓫ 신기다 [신:끼다, 신기다]	⓬ 굶기다 [굼끼다, 굼기다]

[Q15] 올바른 표준 발음에 ○표 하시오.

❶ 넓게 [널께, 널게, 넙게, 넙께]	❷ 핥소 [할쏘, 할소]
❸ 훑지 [훌찌, 훌지, 훈찌, 훈지]	❹ 떫지 [떨:찌, 떨:지, 떱:찌, 떱:지]
❺ 여덟도 [여덜또, 여덜도, 여덥또, 여덥도]	❻ 여덟보다 [여덜뽀다, 여덜보다, 여덥뽀다, 여덥보다]
❼ 여덟과 [여덜꽈, 여덜과, 여덥꽈, 여덥과]	

정답

❶ 신:꼬 ❷ 안꼬 ❸ 안:따
❹ 안다 ❺ 삼:꼬 ❻ 신:끼
❼ 삼:끼 ❽ 점:찌 ❾ 담:꼬
❿ 안기다 ⓫ 신기다 ⓬ 굼기다

정답

❶ 널께 ❷ 할쏘 ❸ 훌찌
❹ 떨:찌 ❺ 여덜도
❻ 여덜보다 ❼ 여덜과

제26항 | 한자어에서 'ㄹ' 받침 뒤에 연결되는 'ㄷ, ㅅ, ㅈ'은 된소리로 발음한다.

다만, 같은 한자가 겹쳐진 단어의 경우에는 된소리로 발음하지 않는다.

허허실실[허허실실](虛虛實實)
절절-하다[절절하다](切切--)

혜선T만의 Only One 출좋포 19 | 제26항

한자음어 'ㄹ' 뒤 '❶ ______, ❷ ______, ❸ ______
(단, 'ㄱ'과 'ㅂ'은 된소리되기 안 일어남.)

[Q16] 올바른 표준 발음을 적으시오.

❶ 갈증(渴症) [ ]	❷ 갈등(葛藤) [ ]
❸ 발전(發展) [ ]	❹ 절도(節度) [ ]
❺ 몰상식(沒常識) [ ]	❻ 불세출(不世出) [ ]
❼ 허허실실(虛虛實實) [ ]	❽ 절절(切切)－하다 [ ]
❾ 말살(抹殺) [ ]	❿ 일시(日時) [ ]
⓫ 불소(弗素) [ ]	⓬ 물질(物質) [ ]
⓭ 발동(發動) [ ]	⓮ 발달(發達) [ ]
⓯ 몰두(沒頭) [ ]	

[Q17] 올바른 표준 발음에 ○표 하시오.

❶ 불법(不法) [불법, 불뻡]	❷ 열병(熱病) [열병, 열뼝]
❸ 물건(物件) [물건, 물껀]	

정답
❶ ㄷ ❷ ㅅ ❸ ㅈ

정답
❶ 갈쯩 ❷ 갈뜽 ❸ 발쩐
❹ 절또 ❺ 몰쌍식 ❻ 불쎄출
❼ 허허실실 ❽ 절절하다
❾ 말쌀 ❿ 일씨 ⓫ 불쏘
⓬ 물찔 ⓭ 발똥 ⓮ 발딸
⓯ 몰뚜

정답
❶ 불법, 불뻡 ❷ 열병
❸ 물건

제27항 | 관형사형 '-(으)ㄹ' 뒤에 연결되는 'ㄱ, ㄷ, ㅂ, ㅅ, ㅈ'은 된소리로 발음한다.

할 것을[할꺼슬]	갈 데가[갈떼가]
할 바를[할빠를]	할 적에[할쩌게]
갈 곳[갈꼳]	할 도리[할또리]
할 수는[할쑤는]	만날 사람[만날싸람]

다만, 끊어서 말할 적에는 예사소리로 발음한다.

붙 임 '-(으)ㄹ'로 시작되는 어미의 경우에도 이에 준한다.

할걸[할껄]	할밖에[할빠께]
할세라[할쎄라]	할지라도[할찌라도]
할지언정[할찌언정]	할진대[할찐대]
할수록[할쑤록]	

혜선T만의 Only One 출좋포 20 | 제27항 된소리되기

제27항 | 관형사형 어미 '-(으)ㄹ' 뒤 된소리

붙 임 '-(으)ㄹ'을 가진 어미 안에서 된소리
-(으)ㄹ걸, -(으)ㄹ밖에, -(으)ㄹ세라, -(으)ㄹ지라도,
-(으)ㄹ지언정, -(으)ㄹ진대, -(으)ㄹ수록

[Q18] 올바른 표준 발음을 적으시오.

❶ 할 것을 [ ]	❷ 갈 곳 [ ]
❸ 할 적에 [ ]	❹ 할 바를 [ ]
❺ 갈 데가 [ ]	❻ 할밖에 [ ]
❼ 할걸 [ ]	❽ 할 도리 [ ]
❾ 할 성싶다 [ ]	❿ 먹을 데 [ ]
⓫ 먹을 과자 [ ]	⓬ 먹은 과자 [ ]
⓭ 할수록 [ ]	⓮ 할 수는 [ ]
⓯ 할진대 [ ]	⓰ 만날 사람 [ ]
⓱ 할지언정 [ ]	⓲ 할지라도 [ ]
⓳ 할 듯하다 [ ]	⓴ 할세라 [ ]
㉑ 길짐승 [ ]	㉒ 간 사람 [ ]
㉓ 살 법하다 [ ]	㉔ 날짐승 [ ]

정답

❶ 할꺼슬 ❷ 갈꼳 ❸ 할쩌게 ❹ 할빠를 ❺ 갈떼가 ❻ 할빠께 ❼ 할껄 ❽ 할또리 ❾ 할썽십따 ❿ 머글떼 ⓫ 머글꽈자 ⓬ 머근과자 ⓭ 할쑤록 ⓮ 할쑤는 ⓯ 할찐대 ⓰ 만날싸람 ⓱ 할찌언정 ⓲ 할찌라도 ⓳ 할뜨타다 ⓴ 할쎄라 ㉑ 길찜승 ㉒ 간사람 ㉓ 살뻐파다 ㉔ 날찜승

제28항 | 표기상으로는 사이시옷이 없더라도, 관형격 기능을 지니는 사이시옷이 있어야 할(휴지가 성립되는) 합성어의 경우에는, 뒤 단어의 첫소리 'ㄱ, ㄷ, ㅂ, ㅅ, ㅈ'을 된소리로 발음한다.

문-고리[문꼬리]
신-바람[신빠람]
손-재주[손째주]
물-동이[물똥이]
굴-속[굴:쏙]
바람-결[바람껼]
아침-밥[아침빱]
강-가[강까]
등-불[등뿔]
강-줄기[강쭐기]
눈-동자[눈똥자]
산-새[산쌔]
길-가[길까]
발-바닥[발빠닥]
술-잔[술짠]
그믐-달[그믐딸]
잠-자리[잠짜리]
초승-달[초승딸]
창-살[창쌀]

혜선T만의 Only One 출종포 21 | 제28항 사잇소리 현상의 된소리되기

A(어근) + B(어근) = 합성어
A의 끝 음이 ❶ ________ + B의 첫 음이 예사소리

붙 임 사잇소리 현상이 일어나지 않는 단어

반창고[반창고]
유리잔[유리잔]
고래기름[고래기름]
등기(登記)[등기]
고무줄[고무줄]
인두겁[인두겁]
간단(簡單)[간단]
불장난[불장난]

정답
❶ 울림소리

[Q19] 올바른 표준 발음에 ○표 하시오.

❶ 문-고리 [문고리, 문꼬리]	❷ 산-새 [산새, 산쌔]
❸ 아침-밥 [아침밥, 아침빱]	❹ 김-밥 [김:밥, 김:빱]
❺ 술-잔 [술잔, 술짠]	❻ 유리-잔 [유리잔, 유리짠]
❼ 불법 [불법, 불뻡]	❽ 열병 [열병, 열뼝]
❾ 비빔-밥 [비빔밥, 비빔빱]	❿ 등-불 [등불, 등뿔]
⓫ 보름-달 [보름달, 보름딸]	⓬ 초승-달 [초승달, 초승딸]
⓭ 손-재주 [손째주, 손재주]	⓮ 발-바닥 [발바닥, 발빠닥]
⓯ 바람-결 [바람결, 바람껼]	⓰ 그믐-달 [그믐딸, 그믐달]
⓱ 굴-속 [굴:쏙, 굴속]	⓲ 마음-속 [마음쏙, 마음속]
⓳ 물-동이 [물똥이, 물동이]	⓴ 창-살 [창살, 창쌀]
㉑ 길-가 [길까, 길가]	㉒ 신-바람 [신바람, 신빠람]
㉓ 손-사래 [손사래, 손싸래]	㉔ 도매-금 [도매끔, 도매금]
㉕ 강-가 [강까, 강가]	㉖ 속임-수 [소김수, 소김쑤]

제7장 음의 첨가

제29항 | 합성어 및 파생어에서, 앞 단어나 접두사의 끝이 자음이고 뒤 단어나 접미사의 첫음절이 '이, 야, 여, 요, 유'인 경우에는, 'ㄴ' 음을 첨가하여 [니, 냐, 녀, 뇨, 뉴]로 발음한다.

솜-이불[솜:니불]	홑-이불[혼니불]
막-일[망닐]	삯-일[상닐]
맨-입[맨닙]	꽃-잎[꼰닙]
내복-약[내:봉냑]	한-여름[한녀름]
남존-여비[남존녀비]	신-여성[신녀성]
색-연필[생년필]	직행-열차[지캥녈차]
늑막-염[능망념]	콩-엿[콩녇]
담-요[담:뇨]	눈-요기[눈뇨기]
영업-용[영엄뇽]	식용-유[시공뉴]
백분-율[백뿐뉼]	밤-윷[밤:뉻]

정답

❶ 문꼬리 ❷ 산쌔 ❸ 아침빱
❹ 김:밥, 김:빱 ❺ 술짠
❻ 유리잔 ❼ 불법, 불뻡
❽ 열병 ❾ 비빔빱 ❿ 등뿔
⓫ 보름딸 ⓬ 초승딸 ⓭ 손째주
⓮ 발빠닥 ⓯ 바람껼 ⓰ 그믐딸
⓱ 굴:쏙 ⓲ 마음쏙 ⓳ 물똥이
⓴ 창쌀 ㉑ 길까 ㉒ 신빠람
㉓ 손싸래 ㉔ 도매끔 ㉕ 강까
㉖ 소김쑤

다만, 다음과 같은 말들은 'ㄴ' 음을 첨가하여 발음하되, 표기대로 발음할 수 있다.

이죽-이죽[이중니죽/이주기죽]+	야금-야금[야금냐금/야그마금]
이글이글[이글리글/이그리글]	욜랑-욜랑[욜랑뇰랑/욜랑욜랑]+
금융[금늉/그뮹]	검열[검ː녈/거ː멸]

혜선T만의 Only One 출좋포 22 | 4글자 음성 상징어의 발음

❶ ______________ 을 제외한 4글자 음성 상징어는 ㄴ첨가(원칙), 연음(허용)

붙임 1 'ㄹ' 받침 뒤에 첨가되는 'ㄴ' 음은 [ㄹ]로 발음한다.

들-일[들ː릴]	솔-잎[솔립]
설-익다[설릭따]	물-약[물략]
불-여우[불려우]	서울-역[서울력]
유월 유두[유월류두]	휘발-유[휘발류]
유들-유들[유들류들]	

붙임 2 두 단어를 이어서 한 마디로 발음하는 경우에는 이에 준한다.

한 일[한닐]	옷 입다[온닙따]
서른여섯[서른녀섣]	먹은 엿[머근녇]
할 일[할릴]	잘 입다[잘립따]
1 연대[일련대]	먹을 엿[머글렫]

다만, 다음과 같은 단어에서는 'ㄴ(ㄹ)' 음을 첨가하여 발음하지 않는다.

6・25[유기오]	3・1절[사밀쩔]
송별-연[송ː벼련]★	월요일[워료일]
목요일[모교일]	금요일[그묘일]
등-용문[등용문]★	절약[저략]★

+ 이죽이죽[이중니즉/이주기죽]: 계속 밉살스럽게 지껄이며 짓궂게 빈정거리는 모양
+ 욜랑욜랑[욜랑뇰랑/욜랑욜랑]: 몸의 일부를 가볍게 흔들며 잇따라 움직이거나 촐싹거리는 모양

❶ 유들유들[유들류들]

혜선T만의 Only One 출좋포 23 | 제29항 붙임 1, 2, 다만

붙임 1 'ㄴ' 첨가 후 유음화

붙임 2 연음이 원칙이지만 두 단어를 이어서 한 마디로 발음하는 경우 ㄴ첨가도 허용함.

	끊어서 발음(원칙)	이어서 발음(허용)
옷 입다	[오딥따]	[온닙따]
서른여섯	[서르녀섣]	[서른녀섣]
스물여섯	[스무려섣]	[스물려섣]
1 연대	[이련대]	[일련대]
3 연대	[사면대]	[삼년대]
먹은 엿	[머그넏]	[머근넏]
먹을 엿	[머그렫]	[머글렫]
잘 입다	[자립따]	[잘립따]
한 일	[하닐]	[한닐]
할 일	[하릴]	[할릴]

다만, 'ㄴ' 첨가 환경임에도 그냥 연음되는 경우
등-용문[❶________] / 송별-연[❷________] / 절약[❸________]

❶ 등용문 ❷ 송:벼련 ❸ 저략

[Q20] 올바른 표준 발음에 ○표 하시오.

❶ 솜-이불 [소미불, 솜:니불]	❷ 홑-이불 [호디불, 혼니불]
❸ 막-일 [막닐, 망닐]	❹ 삯-일 [상닐, 삭일]
❺ 맨-입 [매닙, 맨닙]	❻ 꽃-잎 [꼬칩, 꼳닙, 꼰닢, 꼰닙]
❼ 내복-약 [내:보갹, 내:복냑, 내:봉냑]	❽ 한-여름 [한녀름, 하녀름]
❾ 색-연필 [새견필, 생년필]	❿ 늑막-염 [능마겸, 능망념]
⓫ 남존-여비 [남존녀비, 남조녀비]	⓬ 직행-열차 [지캥열차, 지캥녈차]
⓭ 신-여성 [시녀성, 신녀성]	⓮ 콩-엿 [콩엳, 콩녇]
⓯ 눈-요기 [누뇨기, 눈뇨기]	⓰ 영업-용 [영엄뇽, 영어뵹]
⓱ 담-요 [담:뇨, 다묘]	⓲ 백분-율 [백뿐뉼, 백뿌뉼, 백부뉼]
⓳ 밤-윷 [밤:뉻, 바뮫]	⓴ 식용-유 [시공유, 시공뉴, 싱농뉴]
㉑ 이죽-이죽 [이중니죽, 이주기죽]	㉒ 야금-야금 [야금냐금, 야그먀금]
㉓ 검열 [검:녈, 거:멸]	㉔ 욜랑-욜랑 [욜랑뇰랑, 욜랑욜랑]
㉕ 금융 [금늉, 그뮹]	㉖ 들-일 [드릴, 들:릴]
㉗ 솔-잎 [솔립, 소립]	㉘ 불-여우 [불녀우, 부려우, 불려우]
㉙ 설-익다 [서익따, 설릭따]	㉚ 유들-유들 [유들류들, 유드류들]
㉛ 물-약 [물략, 무략]	㉜ 서울-역 [서우력, 서울력]
㉝ 휘발-유 [휘바류, 휘발류]	㉞ 물-엿 [물렫, 무렫]
㉟ 한 일 [하닐, 한닐]	㊱ 옷 입다 [오딥따, 온닙따]
㊲ 서른여섯 [서른녀섣, 서른여섣, 서르녀섣]	㊳ 3 연대 [삼년대, 사면대]
㊴ 스물여섯 [스무려섣, 스물려섣]	㊵ 잘 입다 [잘립따, 자립따]
㊶ 할 일 [하릴, 할릴]	㊷ 먹을 엿 [머그렫, 머글렫]
㊸ 먹은 엿 [머그녇, 머근녇]	㊹ 1 연대 [이련대, 일련대]
㊺ 6·25 [유기오, 융니오]	㊻ 3·1절 [사밀쩔, 삼닐쩔]
㊼ 송별-연 [송:별련, 송:벼련]	㊽ 등-용문 [등용문, 등뇽문]
㊾ 월요일 [워료일, 월료일]	㊿ 목요일 [모교일, 목뇨일, 몽뇨일]
(51) 금요일 [금뇨일, 그묘일]	(52) 일요일 [이료일, 일료일, 일뇨일]
(53) 절약 [저략, 절략]	

정답

❶ 솜:니불 ❷ 혼니불 ❸ 망닐
❹ 상닐 ❺ 맨닙 ❻ 꼰닙
❼ 내:봉냑 ❽ 한녀름
❾ 생년필 ❿ 능망념
⓫ 남존녀비 ⓬ 지캥녈차
⓭ 신녀성 ⓮ 콩녇 ⓯ 눈뇨기
⓰ 영엄뇽 ⓱ 담:뇨 ⓲ 백뿐뉼
⓳ 밤:뉻 ⓴ 시공뉴
㉑ 이중니죽, 이주기죽
㉒ 야금냐금, 야그먀금
㉓ 검:녈, 거:멸
㉔ 욜랑뇰랑, 욜랑욜랑
㉕ 금늉, 그뮹 ㉖ 들:릴 ㉗ 솔립
㉘ 불려우 ㉙ 설릭따
㉚ 유들류들 ㉛ 물략 ㉜ 서울력
㉝ 휘발류 ㉞ 물렫
㉟ 하닐, 한닐
㊱ 오딥따, 온닙따
㊲ 서른녀섣, 서르녀섣
㊳ 삼년대, 사면대
㊴ 스무려섣, 스물려섣
㊵ 잘립따, 자립따
㊶ 하릴, 할릴
㊷ 머그렫, 머글렫
㊸ 머그녇, 머근녇
㊹ 이련대, 일련대 ㊺ 유기오
㊻ 사밀쩔 ㊼ 송:벼련
㊽ 등용문 ㊾ 워료일 ㊿ 모교일
(51) 그묘일 (52) 이료일 (53) 저략

제30항 | 사이시옷이 붙은 단어는 다음과 같이 발음한다.

1. 'ㄱ, ㄷ, ㅂ, ㅅ, ㅈ'으로 시작하는 단어 앞에 사이시옷이 올 때에는 이들 자음만을 된소리로 발음하는 것을 원칙으로 하되, 사이시옷을 [ㄷ]으로 발음하는 것도 허용한다.

냇가[내:까/낻:까]
샛길[새:낄/샏:낄]
빨랫돌[빨래똘/빨랟똘]
콧등[코뜽/콛뜽]
깃발[기빨/긷빨]
대팻밥[대:패빱/대:팯빱]
햇살[해쌀/핻쌀]
뱃속[배쏙/밷쏙]
뱃전[배쩐/밷쩐]
고갯짓[고개찓/고갣찓]

2. 사이시옷 뒤에 'ㄴ, ㅁ'이 결합되는 경우에는 [ㄴ]으로 발음한다.

콧날[콛날 → 콘날]
아랫니[아랟니 → 아랜니]
툇마루[퇻:마루 → 퇸:마루]
뱃머리[밷머리 → 밴머리]

3. 사이시옷 뒤에 '이' 음이 결합되는 경우에는 [ㄴㄴ]으로 발음한다.

예삿일[예:삳닐 → 예:산닐]
깻잎[깯닙 → 깬닙]
나뭇잎[나묻닙 → 나문닙]
도리깻열[도리깯녈 → 도리깬녈]
뒷윷[뒫:뉻 → 뒨:뉻]

혜선T만의 Only One 출졸포 24 | 제30항 사이시옷이 적힌 단어의 발음

1. ❶ ________ 현상(원칙) / ❷ ________ 규칙 + ❸ ________ (허용)

2. 'ㄴ' 덧남 : ❹ ________ → ❺ ________

3. 'ㄴㄴ' 덧남 : ❻ ________ → ❼ ________ → ❽ ________

❶ 사잇소리 ❷ 음절의 끝소리
❸ 된소리되기
❹ 음절의 끝소리 규칙
❺ 비음화
❻ 음절의 끝소리 규칙
❼ ㄴ첨가 ❽ 비음화

[Q21] 올바른 표준 발음에 ○표 하시오.

❶ 냇가 [내:까, 낻:까]	❷ 콧날 [콘날, 콘날]
❸ 대팻밥 [대:패빱, 대:팯빱]	❹ 베갯잇 [베갠닏, 베갣닏]
❺ 뱃머리 [밷머리, 밴머리]	❻ 뒷윷 [뒤:늍, 뒨:늍, 뒫:늍]
❼ 도리깻열 [도리깨멸, 도리깯녈, 도리깬녈]	❽ 고갯짓 [고개찓, 고갣찓]
❾ 뱃전 [배쩐, 밷쩐]	❿ 예삿일 [예:산닐, 예:삳닐]
⓫ 툇마루 [퇻:마루, 퇸:마루]	⓬ 아랫니 [아랜니, 아랟니, 아래디]
⓭ 깻잎 [깯닙, 깬닙]	⓮ 햇살 [해쌀, 핻쌀]
⓯ 나뭇잎 [나무딥, 나묻닙, 나문닙]	⓰ 꼭짓점 [꼭지쩜, 꼭짇쩜]
⓱ 깃발 [기빨, 긷빨]	⓲ 빨랫돌 [빨래똘, 빨랟똘]
⓳ 콧등 [코뜽, 콛뜽]	

추가로 인정된 표준 발음(2017. 12. 4. 국립국어원 고시)

2017년 12월 표준 발음으로 추가 인정된 것은 다음과 같다.

표제항	표준 발음	표제항	표준 발음
감언이설	[가먼니설/가머니설]	순이익	[순니익/수니익]
*인기척	[인끼척/인기척]	*안간힘	[안깐힘/안간힘]
*교과[01]	[교:과/교:꽈]	연이율	[연니율/여니율]
*관건[02]	[관건/관껀]	영영[01]	[영:영/영:녕]
괴담이설	[괴:담니설/궤:다미설] [궤:담니설/궤:다미설]	의기양양	[의:기양양/의:기양냥]
*반값	[반:갑/반:깝]	강약	[강약/강냑]
밤이슬	[밤니슬/바미슬]	*점수[06]	[점쑤/점수]
분수[06]	[분쑤/분수]	*함수[04]	[함:쑤/함:수]
*불법[01]	[불법/불뻡]	*효과[01]	[효:과/효:꽈]

정답

❶ 내:까, 낻:까 ❷ 콘날
❸ 대:패빱, 대:팯빱 ❹ 베갠닏
❺ 밴머리 ❻ 뒨:늍
❼ 도리깬녈 ❽ 고개찓, 고갣찓
❾ 배쩐, 밷쩐 ❿ 예:산닐
⓫ 퇸:마루 ⓬ 아랜니 ⓭ 깬닙
⓮ 해쌀, 핻쌀 ⓯ 나문닙
⓰ 꼭지쩜, 꼭짇쩜
⓱ 기빨, 긷빨
⓲ 빨래똘, 빨랟똘
⓳ 코뜽, 콛뜽

PART 02

표준어 규정

Chapter 1 총칙

Chapter 2 발음 변화에 따른 표준어 규정

Chapter 3 어휘 선택의 변화에 따른 표준어 규정

2011년 새로 인정된 복수 표준어

▶ 기존 표준어와 같은 뜻으로 추가로 표준어로 인정한 것(11개)

기존 표준어	추가 표준어
간질이다	간지럽히다
남우세스럽다	남사스럽다+
목물	등물+
만날	맨날
묏자리	묫자리
복사뼈	복숭아뼈
세간	세간살이
쌉싸래하다	쌉싸름하다
고운대	토란대+
허섭스레기	허접쓰레기
토담	흙담

+ 남사스럽다/남우세스럽다 : 남에게 놀림과 비웃음을 받을 만한 데가 있다.

+ 등물/목물 : 팔다리를 뻗고 구부린 사람의 허리 위에서 목까지를 물로 씻는 일. 또는 그 물

+ 토란대/고운대 : 토란의 잎 밑에 붙은 줄거리

▶ 현재 표준어와 별도의 표준어로 추가로 인정한 것(24개)

기존 표준어	추가된 표준어	뜻 차이
~기에	~길래	~길래 : '~기에'의 구어적 표현
괴발개발	개발새발	'괴발개발'은 '고양이의 발과 개의 발'이라는 뜻이고, '개발새발'은 '개의 발과 새의 발'이라는 뜻임.
날개	나래	'나래'는 '날개'의 문학적 표현
냄새	내음	'내음'은 향기롭거나 나쁘지 않은 냄새로 제한됨.
눈초리	눈꼬리	• 눈초리 : 어떤 대상을 바라볼 때 눈에 나타나는 표정, 눈의 한 부분 예 매서운 눈초리 • 눈꼬리 : 눈의 귀 쪽으로 째진 부분

기존 표준어	추가된 표준어	뜻 차이
떨어뜨리다	떨구다	'떨구다'에 '시선을 아래로 향하다'라는 뜻 있음.
뜰	뜨락+	'뜨락'에는 추상적 공간을 비유하는 뜻이 있음.
먹을거리	먹거리	먹거리 : 사람이 살아가기 위하여 먹는 음식을 통틀어 이름.
메우다	메꾸다	'메꾸다'에 '무료한 시간을 적당히 또는 그럭저럭 흘러가게 하다.'라는 뜻이 있음.
손자(孫子)	손주	• 손자 : 아들의 아들. 또는 딸의 아들 • 손주 : 손자와 손녀를 아울러 이르는 말
어수룩하다	어리숙하다	'어수룩하다'는 '순박함/순진함'의 뜻이 강한 반면에, '어리숙하다'는 '어리석음'의 뜻이 강함.
연방	연신	'연신'이 반복성을 강조한다면, '연방'은 연속성을 강조
휭허케	휭하니+	휭허케 : '휭하니'의 예스러운 표현
거치적거리다	걸리적거리다	자음 또는 모음의 차이로 인한 어감 및 뜻 차이 존재
끼적거리다	끄적거리다	〃
두루뭉술하다	두리뭉실하다	〃
맨송맨송	맨숭맨숭/ 맹숭맹숭+	〃
바동바동	바둥바둥	〃
새치름하다	새초롬하다	〃
아옹다옹	아웅다웅	〃
야멸치다	야멸차다+	〃
오순도순	오손도손	〃
찌뿌듯하다	찌뿌둥하다	〃
치근거리다	추근거리다+	〃

+ 뜨락/뜰 : 집 안의 앞뒤나 좌우로 가까이 있는 평평한 땅

+ 휭하니/휭허케 : 지체하지 않고 매우 빨리 가는 모양

+ 맨숭맨숭/맨송맨송 : 몸에 털이 있을 곳에 털이 없어 반반한 모양

+ 야멸차다/야멸치다 : 남의 사정을 돌보지 않고 제 일만 생각하다.

+ 추근거리다/치근거리다 : 몹시 싫어하도록 은근히 자꾸 귀찮게 굴다.

+ 품새/품세 : 태권도 수련 방법의 한 가지

두 가지 표기를 모두 표준어로 인정한 것(3개)

기존 표준어	추가 표준어
태껸	택견
품세	품새+
자장면	짜장면

2014년 새로 인정된 복수 표준어

+ 구완와사/구완괘사 : 입과 눈이 한쪽으로 쏠리어 비뚤어지는 병

+ '굽신'이 표준어로 인정됨에 따라, '굽신거리다, 굽신대다, 굽신하다, 굽신굽신, 굽신굽신하다' 등도 표준어로 함께 인정됨.

+ 초장초/작장초 : 괭이밥과의 여러해살이풀

현재 표준어와 같은 뜻을 가진 표준어로 인정한 것(5개)

기존 표준어	추가 표준어
구안괘사(口眼喎斜)	구안와사(口眼喎斜)+
굽실, 굽실거리다, 굽실대다, 굽실하다, 굽실굽실	굽신, 굽신거리다, 굽신대다, 굽신하다, 굽신굽신+
눈두덩	눈두덩이
삐치다	삐지다
작장초	초장초+

현재 표준어와 뜻이나 어감이 차이가 나는 별도의 표준어로 인정한 것(8개)

기존 표준어	추가 표준어	뜻 차이
개개다	개기다	• 개기다 : (속되게) 명령이나 지시를 따르지 않고 버티거나 반항하다. • 개개다 : 성가시게 달라붙어 손해를 끼치다.
꾀다	꼬시다	• 꼬시다 : '꾀다'를 속되게 이르는 말 • 꾀다 : 그럴듯한 말이나 행동으로 남을 속이거나 부추겨서 자기 생각대로 끌다.
장난감	놀잇감	• 놀잇감 : 놀이 또는 아동 교육 현장 따위에서 활용되는 물건이나 재료 • 장난감 : 아이들이 가지고 노는 여러 가지 물건

기존 표준어	추가 표준어	뜻 차이
딴죽	딴지	• 딴지 : (주로 '걸다, 놓다'와 함께 쓰여) 일이 순순히 진행되지 못하도록 훼방을 놓거나 어기대는 것 • 딴죽 : 이미 동의하거나 약속한 일에 대하여 딴전을 부림을 비유적으로 이르는 말
사그라지다	사그라들다	• 사그라들다 : 삭아서 없어져 가다. • 사그라지다 : 삭아서 없어지다.
섬뜩	섬찟+	• 섬찟 : 갑자기 소름이 끼치도록 무시무시하고 끔찍한 느낌이 드는 모양 • 섬뜩 : 갑자가 소름이 끼치도록 무섭고 끔찍한 느낌이 드는 모양 '섬찟'이 표준어로 인정됨에 따라, '섬찟하다, 섬찟섬찟, 섬찟섬찟하다' 등도 표준어로 함께 인정됨.
속병	속앓이	• 속앓이 ① 속이 아픈 병. 또는 속에 병이 생겨 아파하는 일 ② 겉으로 드러내지 못하고 속으로 걱정하거나 괴로워하는 일 • 속병 ① 몸속의 병을 통틀어 이르는 말 ② '위장병'을 일상적으로 이르는 말 ③ 화가 나거나 속이 상하여 생긴 마음의 심한 아픔
허접스럽다	허접하다	• 허접하다 : 허름하고 잡스럽다. • 허접스럽다 : 허름하고 잡스러운 느낌이 있다.

+ '섬찟'이 표준어로 인정됨에 따라, '섬찟하다, 섬찟섬찟, 섬찟섬찟하다' 등도 표준어로 함께 인정됨.

2015년 새로 인정된 복수 표준어

▶ 복수 표준어: 현재 표준어와 같은 뜻을 가진 표준어로 인정한 것(4개)

기존 표준어	추가 표준어	비고
마을	마실	• '이웃에 놀러 다니는 일'의 의미에 한하여 표준어로 인정함. '여러 집이 모여 사는 곳'의 의미로 쓰인 '마실'은 비표준어임. • '마실꾼, 마실방, 마실돌이, 밤마실'도 표준어로 인정함. 예 나는 아들의 방문을 열고 이모네 마실 갔다 오마라고 말했다.
예쁘다	이쁘다	• '이쁘장스럽다, 이쁘장스레, 이쁘장하다, 이쁘디이쁘다'도 표준어로 인정함. 예 어이구, 내 새끼 이쁘기도 하지.
차지다	찰지다	• 사전에서 '차지다'의 원말로 풀이함. 예 화단의 찰진 흙에 하얀 꽃잎이 화사하게 떨어져 날리곤 했다.
-고 싶다	-고프다	• 사전에서 '-고 싶다'가 줄어든 말로 풀이함. 예 그 아이는 엄마가 보고파 앙앙 울었다.

▶ 별도 표준어: 현재 표준어와 뜻이 다른 표준어로 인정한 것(5개)

기존 표준어	추가 표준어	뜻 차이
가오리연	꼬리연	• 꼬리연: 긴 꼬리를 단 연 예 행사가 끝날 때까지 하늘을 수놓았던 대형 꼬리연도 비상을 꿈꾸듯 끊임없이 창공을 향해 날아올랐다. • 가오리연: 가오리 모양으로 만들어 꼬리를 길게 단 연. 띄우면 오르면서 머리가 아래위로 흔들린다.

기존 표준어	추가된 표준어	뜻 차이
의논	의론	• 의론(議論): 어떤 사안에 대하여 각자의 의견을 제기함. 또는 그런 의견 예 이러니저러니 의론이 분분하다. • 의논(議論): 어떤 일에 대하여 서로 의견을 주고 받음. ≫ '의론되다, 의론하다'도 표준어로 인정함.
이키	이크	• 이크: 당황하거나 놀랐을 때 내는 소리. '이키'보다 큰 느낌을 준다. 예 이크, 이거 큰일 났구나 싶어 허겁지겁 뛰어갔다. • 이키: 당황하거나 놀랐을 때 내는 소리. '이끼'보다 거센 느낌을 준다.
잎사귀	잎새	• 잎새: 나무의 잎사귀. 주로 문학적 표현에 쓰인다. 예 잎새가 몇 개 남지 않은 나무들이 창문 위로 뻗어올라 있었다. • 잎사귀: 낱낱의 잎. 주로 넓적한 잎을 이른다.
푸르다	푸르르다	• 푸르르다: '푸르다'를 강조할 때 이르는 말 예 겨우내 찌푸리고 있던 잿빛 하늘이 푸르르게 맑아 오고 어디선지도 모르게 훈냄새가 뭉클하니 풍겨 오는 듯한 순간 벌써 봄이 온 것을 느낀다. • 푸르다: 맑은 가을 하늘이나 깊은 바다, 풀의 빛깔과 같이 밝고 선명하다. ≫ '푸르르다'는 '으 불규칙 용언'으로 분류함.

복수 표준형: 현재 표준적인 활용형과 용법이 같은 활용형으로 인정한 것(2개)

기존 표준형	추가 표준형	비고
마 마라 마요	말아 말아라 말아요	• '말다'에 명령형 어미 '-아', '-아라', '-아요' 등이 결합할 때는 어간 끝의 'ㄹ'이 탈락하기도 하고 탈락하지 않기도 함. 예 내가 하는 말 농담으로 듣지 마/말아. 얘야, 아무리 바빠도 제사는 잊지 마라/말아라. 아유, 말도 마요/말아요.
노라네 동그라네 조그마네 …	노랗네 동그랗네 조그맣네 …	• ㅎ 불규칙 용언이 어미 '-네'와 결합할 때는 어간 끝의 'ㅎ'이 탈락하기도 하고 탈락하지 않기도 함. • '그렇다, 노랗다, 동그랗다, 뿌옇다, 어떻다, 조그맣다, 커다랗다' 등등 모든 ㅎ불규칙용언의 활용형에 적용됨. 예 생각보다 훨씬 노랗네/노라네. (노랗니, 노랗냐 / 노라니, 노라냐) 이 빵은 동그랗네/동그라네. (동그랗니, 동그랗냐 / 동그라니, 동그라냐) 건물이 아주 조그맣네/조그마네. (조그맣니, 조그맣냐 / 조그마니, 조그마냐)

02

2016년 새로 인정된 복수 표준어

추가 표준어(4항목)

기존 표준어	추가 표준어	뜻 차이
거방지다	걸판지다	걸판지다 : [형용사] ① 매우 푸지다. 예 술상이 걸판지다 / 마침 눈먼 돈이 생긴 것도 있으니 오늘 저녁은 내가 걸판지게 사지. ② 동작이나 모양이 크고 어수선하다. 예 싸움판은 자못 걸판져서 구경거리였다. / 소리판은 옛날이 걸판지고 소리할 맛이 났었지. 거방지다 : [형용사] ① 몸집이 크다. ② 하는 짓이 점잖고 무게가 있다. ③ = 걸판지다①
건울음	겉울음	겉울음 : [명사] ① 드러내 놓고 우는 울음 예 꾹꾹 참고만 있다 보면 간혹 속울음이 겉울음으로 터질 때가 있다. ② 마음에도 없이 겉으로만 우는 울음 예 눈물도 안 나면서 슬픈 척 겉울음 울지 마. 건울음 : [명사] = 강울음 강울음 : [명사] 눈물 없이 우는 울음, 또는 억지로 우는 울음
까다롭다	까탈스럽다	까탈스럽다 : [형용사] ① 조건, 규정 따위가 복잡하고 엄격하여 적응하거나 적용하기에 어려운 데가 있다. '가탈스럽다①'보다 센 느낌을 준다. 예 까탈스러운 공정을 거치다. / 규정을 까탈스럽게 정하다. / 가스레인지에 길들여진 현대인들에게 지루하고 까탈스러운 숯 굽기 작업은 쓸데없는 시간 낭비로 비칠 수도 있겠다. ② 성미나 취향 따위가 원만하지 않고 별스러워 맞춰 주기에 어려운 데가 있다. '가탈스럽다②'보다 센 느낌을 준다. 예 까탈스러운 입맛 / 성격이 까탈스럽다. / 딸아이는 사 준 옷이 맘에 안 든다고 까탈스럽게 굴었다. ≫ 같은 계열의 '가탈스럽다'도 표준어로 인정함.

기존 표준어	추가 표준어	뜻 차이
까다롭다	까탈스럽다	까다롭다 : [형용사] ① 조건 따위가 복잡하거나 엄격하여 다루기에 순탄하지 않다. ② 성미나 취향 따위가 원만하지 않고 별스럽게 까탈이 많다.
실몽당이	실뭉치	실뭉치 : [명사] 실을 한데 뭉치거나 감은 덩이 예 뒤엉킨 실뭉치 / 실뭉치를 풀다 / 그의 머릿속은 엉클어진 실뭉치같이 갈피를 못 잡고 있었다. 실몽당이 : [명사] 실을 풀기 좋게 공 모양으로 감은 뭉치

추가 표준형(2항목)

기존 표준형	추가 표준형	비고
에는	엘랑	• 표준어 규정 제25항에서 '에는'의 비표준형으로 규정해 온 '엘랑'을 표준형으로 인정함. • '엘랑' 외에도 'ㄹ랑'에 조사 또는 어미가 결합한 '에설랑, 설랑, -고설랑, -어설랑, -질랑'도 표준형으로 인정함. • '엘랑, -고설랑' 등은 단순한 조사/어미 결합형이므로 사전 표제어로는 다루지 않음. 예 서울엘랑 가지를 마오. / 교실에설랑 떠들지 마라. 나를 앞에 앉혀 놓고설랑 자기 아들 자랑만 하더라.
주책없다	주책이다	• 표준어 규정 제25항에 따라 '주책없다'의 비표준형으로 규정해 온 '주책이다'를 표준형으로 인정함. • '주책이다'는 '일정한 줏대가 없이 되는 대로 하는 짓'을 뜻하는 '주책'에 서술격조사 '이다'가 붙은 말로 봄. • '주책이다'는 단순한 명사+조사 결합형이므로 사전 표제어로는 다루지 않음. 예 이제 와서 오래 전에 헤어진 그녀를 떠올리는 나 자신을 보며 '나도 참 주책이군.' 하는 생각이 들었다.

제1장 총 칙

제1항 | 표준어는 교양 있는 사람들이 두루 쓰는 현대 서울말로 정함을 원칙으로 한다.
(교양 있는 사람들: 사회적(계층적) 조건 / 현대: 시대적 조건 / 서울말: 지역적 조건)

제2항 | 외래어는 따로 사정한다.

제2장 발음 변화에 따른 표준어 규정

제1절 자 음

제3항 | 다음 단어들은 거센소리를 가진 형태를 표준어로 삼는다.

표준어(○)	비표준어(×)	비 고
★끄나풀+	끄나불	
나팔-꽃	나발-꽃	
★녘	녁	동녘, 들녘, 새벽녘, 동틀 녘
부엌	부억	
★살-쾡이	삵-괭이	삵
칸	간	1. 칸막이, 빈칸, 방 한 칸 2. '초가삼간, 윗간'의 경우에는 '간'임.
★털어-먹다	떨어-먹다	재물을 다 없애다.

+ 끄나풀: 남의 앞잡이 노릇을 하는 사람.

제4항 | 다음 단어들은 거센소리로 나지 않는 형태를 표준어로 삼는다.

표준어(○)	비표준어(×)	비 고
★가을-갈이+	가을-카리	
★거시기+	거시키	
★분침(分針)	푼침	

+ 가을갈이: 다음 해의 농사에 대비하여, 가을에 논밭을 미리 갈아 두는 일

+ 거시기: 이름이 얼른 생각나지 않거나 바로 말하기 곤란한 사람 또는 사물을 가리키는 대명사

제5항 | 어원에서 멀어진 형태로 굳어져서 널리 쓰이는 것은, 그것을 표준어로 삼는다.

표준어(○)	비표준어(×)	비 고
*강낭-콩	강남-콩	
*고삿	고샅	지붕을 이을 때 쓰는 새끼. 겉고삿, 속고삿
*사글-세	삭월-세	'월세'는 표준어임.
*울력-성당	위력-성당	떼를 지어서 으르고 협박하는 일

다만, 어원적으로 원형에 더 가까운 형태가 아직 쓰이고 있는 경우에는, 그것을 표준어로 삼는다.

표준어(○)	비표준어(×)	비 고
*갈비	가리	갈비구이, 갈비찜, 갈빗-대
갓모	갈모	1. 사기 만드는 물레 밑 고리 2. '갈모'는 갓 위에 쓰는, 유지로 만든 우비
굴-젓	구-젓	
*말-곁+	말-겻	
*물-수란+	물-수랄	
*밀-뜨리다+	미-뜨리다	
*적이+	저으기	적이-나, 적이나-하면
휴지	수지	

+ **말곁**: 남이 말하는 곁에서 덩달아 참견하는 말
+ **물수란**: 끓는 물에 달걀을 깨 넣어 반쯤 익힌 음식
+ **밀뜨리다**: 갑자기 힘 있게 밀어 버리다.
+ **적이**: 약간, 다소, 조금, 얼마간

제6항 | 다음 단어들은 의미를 구별함이 없이, 한 가지 형태만을 표준어로 삼는다.

02

표준어(○)	비표준어(×)	비 고
돌	돐	생일, 주기
둘-째	두-째	'제2, 두 개째'의 뜻
셋-째	세-째	'제3, 세 개째'의 뜻
넷-째	네-째	'제4, 네 개째'의 뜻
빌리다	빌다	1. 빌려주다, 빌려 오다 2. '용서를 빌다'는 '빌다'임.

*다만, '둘째'는 십 단위 이상의 서수사에 쓰일 때에 '두째'로 한다.

열두-째 스물두-째	순서 예 이 줄 열두째에 앉아 있다. → 수사 그녀는 스물두째 생일을 맞이하였다. → 수관형사
열둘째 스물둘째 (명사)	개수 예 이 채점 답안지는 열둘째이다. → 명사 이 과자는 스물둘째이다. → 명사

[Q1] 표준말에 ○표 하시오.

❶ 끄나풀, 끄나불	❷ 분침(分針), 푼침	❸ 스물두째, 스물둘째
❹ 나발꽃, 나팔꽃	❺ 강낭콩, 강남콩	❻ (자리를)빌다, (자리를)빌리다
❼ 동녘, 동녁	❽ 고삿, 고샅	❾ 갈비, 가리
❿ 부엌, 부억	⓫ 사글세, 삭월세	⓬ 갓모, 갈모
⓭ 삵괭이, 살쾡이	⓮ 위력성당, 울력성당	⓯ 구젓, 굴젓
⓰ 칸막이, 간막이	⓱ 돌, 돐	⓲ 말겻, 말곁
⓳ 초가삼간, 초려삼칸	⓴ 두째, 둘째	㉑ 물수란, 물수랄
㉒ 털어먹다, 떨어먹다	㉓ 세째, 셋째	㉔ 미뜨리다, 밀뜨리다
㉕ 가을갈이, 가을카리	㉖ 네째, 넷째	㉗ 적이, 저으기
㉘ 거시기, 거시키	㉙ 열두째, 열둘째	㉚ 수지, 휴지

정답

❶ 끄나풀 ❷ 분침(分針)
❸ 스물두째, 스물둘째
❹ 나팔꽃 ❺ 강낭콩
❻ (자리를)빌리다 ❼ 동녘
❽ 고샅 ❾ 갈비 ❿ 부엌
⓫ 사글세 ⓬ 갓모 ⓭ 살쾡이
⓮ 울력성당 ⓯ 굴젓 ⓰ 칸막이
⓱ 돌 ⓲ 말곁 ⓳ 초가삼간
⓴ 둘째 ㉑ 물수란 ㉒ 털어먹다
㉓ 셋째 ㉔ 밀뜨리다
㉕ 가을갈이 ㉖ 넷째 ㉗ 적이
㉘ 거시기 ㉙ 열두째, 열둘째
㉚ 휴지

최빈출 赤攻기출

다음 중 표준어로만 묶인 것은? 2017 기상직 7급

① 메꾸다, 찌뿌듯하다, 내음, 맨날
② 까탈스럽다, 꼬시다, 눈꼽, 품세
③ 새치롬하다, 이쁘다, 구안괘사, 마실
④ 두리뭉실하다, 찰지다, 개발새발, 늘상

+ 수사돈: 사위 쪽의 사돈
↔ 암사돈: 며느리 쪽의 사돈
+ 수키와: 두 암키와 사이를 엎어 잇는 기와
+ 수톨쩌귀: 문짝에 박아서 문설주에 있는 암톨쩌귀에 꽂게 되어 있는, 뾰족한 촉이 달린 돌쩌귀

해설

'메우다–메꾸다(추가)', '찌뿌듯하다–찌뿌둥하다(추가) –찌뿌드드하다(추가)', '냄새–내음(추가)', '만날–맨날(추가)' 모두 2011년 새로 인정된 복수 표준어이다.

오답풀이 ② 눈꼽(×): '눈꼽'이 아니라 '눈곱'이 표준어이다.
나머지는 모두 표준어이다. '까다롭다–까탈스럽다(추가)–가탈스럽다(추가)'는 2016년, '꾀다–꼬시다(추가)'는 2014년, '품세–품새(추가)'는 2011년에 모두 새로 인정된 복수 표준어이다.
③ 새치롬하다(×): '새치롬하다'는 '새치름하다'가 잘못 표기된 것이다. '새초롬하다–새치름하다'는 2011년 새로 인정된 복수 표준어이다. '예쁘다–이쁘다(추가)'와 '마을–마실(추가: 단, 놀러가다의 의미일 때만 쓸 수 있음.)'은 2015년 새로 인정된 복수 표준어이다. '구안괘사–구안와사(추가)'는 2014년 새로 인정된 복수 표준어이다.
④ 늘상(×): '늘'의 비표준어이다. '두루뭉술하다–두리뭉실하다(추가)'는 2011년 새로 인정된 복수 표준어이다. '차지다–찰지다(추가)'는 2015년 새로 인정된 복수 표준어이다. '괴발개발–개발새발(추가)'은 2011년 새로 인정된 복수 표준어이다. ▶①

제7항 | 수컷을 이르는 접두사는 '수-'로 통일한다.

표준어(○)	비표준어(×)	비 고
수-꿩	수-퀑, 숫-꿩	'장끼'도 표준어임.
수-나사	숫-나사	
수-놈	숫-놈	
수-사돈+	숫-사돈	
수-소	숫-소	'황소'도 표준어임.
수-은행나무	숫-은행나무	

다만 1. 다음 단어에서는 접두사 다음에서 나는 거센소리를 인정한다. 접두사 '암-'이 결합되는 경우에도 이에 준한다.

표준어(○)	비표준어(×)	표준어(○)	비표준어(×)
수-캉아지	숫-강아지	수-캐	숫-개
수-컷	숫-것	수-키와+	숫-기와
수-탉	숫-닭	수-탕나귀	숫-당나귀
수-톨쩌귀+	숫-돌쩌귀	수-퇘지	숫-돼지
수-평아리	숫-병아리		

다만 2. 다음 단어의 접두사는 '숫-'으로 한다.

표준어(○)	비표준어(×)	표준어(○)	비표준어(×)
숫-양	수-양	숫-염소	수-염소
숫-쥐	수-쥐		

제7항 | 수컷을 이르는 접두사는 '수-'로 통일한다.

1. 수ㅎ (암ㅎ) → 총 9개

❶ ____ (강아지) ❷ ____ ❸ ____ (병아리) ❹ ____ ❺ ____ ❻ ____ 쩌귀 ❼ ____ 와

2. 숫 → 총 3개

❽ ____ ❾ ____ 소 ❿ ____

3. 수 → 대부분

다만 1.과 다만 2. 이외의 단어에서는 무조건 '수-'로 통일된다.

[Q2] 표준말에 ○표 하시오.

❶ 수퀑, 수꿩, 숫꿩	❷ 수탉, 숫닭, 수닭
❸ 수나사, 숫나사	❹ 숫돼지, 수퇘지, 수돼지
❺ 수놈, 숫놈	❻ 수컷, 숫것, 수것
❼ 숫사돈, 수사돈	❽ 숫당나귀, 수탕나귀, 숫당나규
❾ 숫소, 수소	❿ 숫병아리, 수평아리, 수병아리
⓫ 수은행나무, 숫은행나무	⓬ 숫양, 수양
⓭ 숫강아지, 수캉아지, 수강아지	⓮ 수염소, 숫염소
⓯ 수키와, 숫기와, 수기와	⓰ 숫쥐, 수쥐, 수취
⓱ 수톨쩌귀, 숫돌쩌귀, 수돌쩌귀	⓲ 숫개, 수캐, 수개

정답

❶ 개 ❷ 돼지 ❸ 닭 ❹ 당나귀 ❺ 것 ❻ 돌 ❼ 기 ❽ 양 ❾ 염 ❿ 쥐

정답

❶ 수꿩 ❷ 수탉 ❸ 수나사 ❹ 수퇘지 ❺ 수놈 ❻ 수컷 ❼ 수사돈 ❽ 수탕나귀 ❾ 수소 ❿ 수평아리 ⓫ 수은행나무 ⓬ 숫양 ⓭ 수캉아지 ⓮ 숫염소 ⓯ 수키와 ⓰ 숫쥐 ⓱ 수톨쩌귀 ⓲ 수캐

제2절 모 음

제8항 | 양성 모음이 음성 모음으로 바뀌어 굳어진 다음 단어는 음성 모음 형태를 표준어로 삼는다.

표준어(○)	비표준어(×)	비 고
깡충-깡충	깡총-깡총	큰말은 '껑충껑충'임.
-둥이	-동이	← 童-이. 귀둥이, 막둥이, 선둥이, 쌍둥이, 검둥이, 바람둥이, 흰둥이
발가-숭이	발가-송이	센말은 '빨가숭이', 큰말은 '벌거숭이, 뻘거숭이'임.
보퉁이+	보통이	
봉죽+	봉족	← 奉足. 봉죽꾼, 봉죽들다
뻗정-다리+	뻗장-다리	
아서, 아서라	앗아, 앗아라	하지 말라고 금지하는 말
오뚝-이+	오똑-이	부사도 '오뚝-이'임.
주추+	주초	← 柱礎. 주춧-돌

- 보퉁이: 물건을 보에 싸서 꾸려 놓은 덩이
- 봉죽: 일을 주장하는 사람을 곁에서 도와줌.
- 뻗정다리: 꾸부렸다 폈다 하지 못하고 늘 뻗어 있는 다리. 또는 그런 다리를 가진 사람
- 오뚝이: 아무렇게나 굴려도 오뚝오뚝 일어나게 만든 아이들의 장난감
- 주추: 기둥 밑에 괴는 돌 따위

다만, 어원 의식이 강하게 작용하는 다음 단어에서는 양성 모음 형태를 그대로 표준어로 삼는다.

표준어(○)	비표준어(×)	비 고
부조(扶助)+	부주	부조금, 부좆-술
사돈(査頓)	사둔	밭사돈, 안사돈
삼촌(三寸)	삼춘	시삼촌, 외삼촌, 처삼촌

- 부조: 잔칫집·상가(喪家) 등에 돈이나 물건을 보냄. 또는 그 돈이나 물건

혜선T만의 Only One 출좋포 2 | 제8항

❶ ______성 모음 형태를 표준어로 삼는다.

정답

❶ 음

제9항 | 'ㅣ' 역행 동화 현상에 의한 발음은 원칙적으로 표준 발음으로 인정하지 아니하되, 다만 다음 단어들은 그러한 동화가 적용된 형태를 표준어로 삼는다.

표준어(○)	비표준어(×)	비 고
-내기	-나기	서울내기, 시골내기, 신출내기, 풋내기
냄비	남비	
동댕이-치다	동당이-치다	

혜선T만의 Only One 출좋포 3 | 'ㅣ' 역행 동화 현상 표준어

'ㅣ' 역행 동화 현상은 원래는 인정하지 않는다. 다만 이 단어들만은 'ㅣ' 역행 동화 현상이 적용되어야만 표준어이다.

❶ ________가 ❷ ________를 ❸ ________치고 불을 ❹ ________.

붙임 1 다음 단어는 'ㅣ' 역행 동화가 일어나지 아니한 형태를 표준어로 삼는다.

아지랑이(○) – 아지랭이(×)

붙임 2 기술자에게는 '–장이', 그 외에는 '–쟁이'가 붙는 형태를 표준어로 삼는다.

표준어(○)	비표준어(×)	표준어(○)	비표준어(×)
미장이+	미쟁이	유기장이+	유기쟁이
멋쟁이	멋장이	소금쟁이	소금장이
담쟁이-덩굴	담장이-덩굴	골목쟁이+	골목장이
발목쟁이+	발목장이		

+ 미장이: 건축 공사에서 벽이나 천장, 바닥 따위에 흙, 회, 시멘트 따위를 바르는 일을 작업으로 하는 사람
+ 유기장이: 키버들로 고리짝이나 키 따위를 만들어 파는 일을 직업으로 하는 사람
+ 골목쟁이: 골목에서 좀 더 깊숙이 들어간 좁은 곳
+ 발목쟁이: '발'이나 '발목'을 속되게 이르는 말

❶ 풋내기 ❷ 냄비 ❸ 동댕이 ❹ 댕겼다

혜선T만의 Only One 출좋포 4 | 제9항 붙임 1, 2

붙임 1 '❺ ________'만 표준어이다.

붙임 2 손을 사용하는 기술자인 '❻ ______장이, ❼ ________장이'는 '장이'를 사용한다.

제10항 | 다음 단어는 모음이 단순화한 형태를 표준어로 삼는다.

표준어(○)	비표준어(×)	비 고
괴팍-하다	괴퍅-하다/괴팩-하다	'강퍅하다+, 퍅하다+, 퍅성+'은 표준어이다.
-구먼	-구면	
미루-나무	미류-나무	← 美柳~
미륵	미력	← 彌勒. 미륵보살, 미륵불, 돌미륵
여느+	여늬	마찬가지로 '늬나노'가 아니라 '니나노'가 표준어이다.
온-달	왼-달	만 한 달
으레+	으례	
케케-묵다+	켸켸-묵다	
허우대	허위대	
허우적-허우적	허위적-허위적	허우적-거리다

+ **강퍅하다**: 성미가 까다롭고 고집이 세다.
+ **퍅하다**: 갑자기 성을 내다
+ **퍅성**: 너그럽지 못하고 까다로워 걸핏하면 화를 내는 성질
+ **여느**: 그 밖의 예사로운. 또는 다른 보통의
+ **으레**: 두말할 것 없이 당연히.
+ **케케묵다**: 물건 따위가 아주 오래되어 낡다 / 일, 지식 따위가 아주 오래되어 시대에 뒤떨어진 데가 있다.

정답

❺ 아지랑이 ❻ 미 ❼ 유기

제11항 | 다음 단어에서는 모음의 발음 변화를 인정하여, 발음이 바뀌어 굳어진 형태를 표준어로 삼는다.

표준어(○)	비표준어(×)	비 고
-구려	-구료	
깍쟁이	깍정이	1. 서울깍쟁이, 알깍쟁이, 찰깍쟁이 2. 도토리, 상수리 등의 받침은 '깍정이'임.
나무라다	나무래다	
미수	미시	미숫-가루
*바라다	바래다	'바램[所望]'은 비표준어임.
상추	상치	상추쌈
*시러베-아들+	실업의-아들	
*주책+	주착	← 主着. 주책망나니, 주책없다
*지루-하다	지리-하다	← 支離
*튀기+	트기	
*허드레	허드래	허드렛-물, 허드렛-일
호루라기	호루루기	

+ **시러베아들**: 실없는 사람을 낮잡아 이르는 말

+ **주책**: 일정한 줏대가 없이 되는대로 하는 짓

+ **튀기**: 혈통이 다른 종족 사이에서 태어난 아이. 혼혈아

[Q3] 표준말에 ○표 하시오.

❶ 깡충깡충, 깡총깡총	❷ 아지랑이, 아지랭이	❸ 케케묵다, 케케묶다
❹ -동이, -둥이	❺ 미장이, 미쟁이	❻ 허위대, 허우대
❼ 발가숭이, 발가송이	❽ 소금장이, 소금쟁이	❾ 허우적허우적, 허위적허위적
❿ 보퉁이, 보통이	⓫ 발목쟁이, 발목장이	⓬ -구려, -구료
⓭ 봉족, 봉죽	⓮ 유기장이, 유기쟁이	⓯ 깍쟁이, 깍정이
⓰ 뻗정다리, 뻗장다리	⓱ 담쟁이덩굴, 담장이덩굴	⓲ 나무래다, 나무라다
⓳ 아서, 아서라, 앗아, 앗아라	⓴ 멋장이, 멋쟁이	㉑ 미수, 미시
㉒ 오똑이, 오뚝이	㉓ 골목쟁이, 골목장이	㉔ wish : 바래다, 바라다
㉕ 주추, 주초	㉖ 괴팍하다, 괴퍅하다, 괴팩하다	㉗ 상추, 상치
㉘ 부주, 부조(扶助)	㉙ -구면, -구먼	㉚ 시러베아들, 실업의아들
㉛ 사돈(査頓), 사둔	㉜ 미루나무, 미류나무	㉝ 주착, 주책
㉞ 삼촌(三寸), 삼춘	㉟ 미력, 미륵	㊱ 지리하다, 지루하다
㊲ 서울나기, 서울내기	㊳ 여늬, 여느	㊴ 튀기, 트기
㊵ 냄비, 남비	㊶ 온달, 왼달	㊷ 허드레, 허드래
㊸ 동댕이치다, 동당이치다	㊹ 으레, 으례	㊺ 호루루기, 호루라기

정답

❶ 깡충깡충 ❷ 아지랑이
❸ 케케묵다 ❹ -둥이
❺ 미장이 ❻ 허우대
❼ 발가숭이 ❽ 소금쟁이
❾ 허우적허우적 ❿ 보퉁이
⓫ 발목쟁이 ⓬ -구려 ⓭ 봉죽
⓮ 유기장이 ⓯ 깍쟁이
⓰ 뻗정다리 ⓱ 담쟁이덩굴
⓲ 나무라다 ⓳ 아서, 아서라
⓴ 멋쟁이 ㉑ 미수 ㉒ 오뚝이
㉓ 골목쟁이 ㉔ 바라다 ㉕ 주추
㉖ 괴팍하다 ㉗ 상추
㉘ 부조(扶助) ㉙ -구먼
㉚ 시러베아들 ㉛ 사돈(査頓)
㉜ 미루나무 ㉝ 주책
㉞ 삼촌(三寸) ㉟ 미륵
㊱ 지루하다 ㊲ 서울내기
㊳ 여느 ㊴ 튀기 ㊵ 냄비
㊶ 온달 ㊷ 허드레
㊸ 동댕이치다 ㊹ 으레
㊺ 호루라기

02

제12항 | '웃-' 및 '윗-'은 명사 '위'에 맞추어 '윗-'으로 통일한다.

표준어(○)	비표준어(×)	비 고
윗-넓이	웃-넓이	
윗-눈썹	웃-눈썹	
윗-니	웃-니	
윗-당줄+	웃-당줄	
윗-덧줄+	웃-덧줄	
윗-도리	웃-도리	
윗-동아리	웃-동아리	준말은 '윗동'임.
윗-막이+	웃-막이	
윗-머리	웃-머리	
윗-목	웃-목	
윗-몸	웃-몸	윗몸 운동
윗-바람	웃-바람	
윗-배	웃-배	
윗-벌	웃-벌	
윗-변	웃-변	수학 용어
윗-사랑	웃-사랑	
윗-세장+	웃-세장	
윗-수염	웃-수염	
윗-입술	웃-입술	
윗-잇몸	웃-잇몸	
윗-자리	웃-자리	
윗-중방+	웃-중방	

+ **윗당줄**: 망건당(망건의 윗부분)에 꿴 당줄
+ **윗덧줄**: 악보의 오선(五線) 위에 덧붙여 그 이상의 음높이를 나타내기 위하여 짧게 긋는 줄
+ **윗막이**: 물건의 위쪽 머리를 막은 부분
+ **윗세장**: 지게나 걸채 따위에서 윗부분에 가로질러 박은 나무
+ **윗중방**: 창문 위 또는 벽의 위쪽 사이에 가로지르는 인방

다만 1. 된소리나 거센소리 앞에서는 '위-'로 한다.

표준어(○)	비표준어(×)	비 고
위-짝	웃-짝	
위-쪽	웃-쪽	
위-채	웃-채	
위-층	웃-층	
위-치마	웃-치마	
위-턱	웃-턱	위턱구름[上層雲]
위-팔	웃-팔	

다만 2. '아래, 위'의 대립이 없는 단어는 '웃-'으로 발음되는 형태를 표준어로 삼는다.

표준어(○)	비표준어(×)	비 고
웃-국+	윗-국	
웃-기+	윗-기	
웃-돈+	윗-돈	
웃-비+	윗-비	웃비걷다
웃-어른	윗-어른	
웃-옷+		'윗옷(윗도리)'도 표준어

≫ '위'와 '아래'의 대립이 없는 단어는 '웃-'의 형태를 표준어로 삼는다는 조항이다.

+ **웃국**: 간장이나 술 따위를 담가서 익힌 뒤에 맨 처음에 떠낸 진한 국
+ **웃기**: 떡, 포, 과일 따위를 괸 위에 모양을 내기 위하여 얹는 재료
+ **웃돈**: 본래의 값에 덧붙이는 돈
+ **웃비**: 아직 우기(雨氣)는 있으나 좍좍 내리다가 그친 비
+ **웃옷**: 맨 겉에 입는 옷. '윗옷(상의)'은 '아래옷(하의)'의 반대임.

혜선T만의 Only One 출좋포 5 | 제12항 '웃/위, 윗'

1. 웃: '위, 아래'의 대립이 없음.
   ❶ ________에 ❷ ________가 내리면 ❸ ________들이 ❹ ________는다.

2. 위/윗: '위, 아래'의 대립이 있음.
   위: '❺ ________소리, ❻ ________소리' 앞
   윗: 나머지

정답

❶ 국기 ❷ 돈비 ❸ 어른
❹ 웃 ❺ 거센 ❻ 된

02

[Q4] 표준말에 ○표 하시오.

❶ 윗넓이, 웃넓이, 위넓이	❷ 웃바람, 윗바람, 위바람
❸ 웃짝, 위짝, 윗짝	❹ 웃눈썹, 윗눈썹, 위눈썹
❺ 웃배, 윗배, 위배	❻ 위쪽, 위쪽, 윗쪽
❼ 윗니, 웃니, 위니	❽ 윗벌, 웃벌, 위벌
❾ 웃채, 위채, 윗채	❿ 웃당줄, 윗당줄, 위당줄
⓫ 웃변, 윗변, 위변	⓬ 위층, 웃층, 윗층
⓭ 웃덧줄, 윗덧줄, 위덧줄	⓮ 웃사랑, 윗사랑, 위사랑
⓯ 웃치마, 위치마, 윗치마	⓰ 웃도리, 윗도리, 위도리
⓱ 윗세장, 웃세장, 위세장	⓲ 웃턱, 위턱, 윗턱
⓳ 웃동아리, 윗동아리, 위동아리	⓴ 웃수염, 윗수염, 위수염
㉑ 위팔, 웃팔	㉒ 윗막이, 웃막이, 위막이
㉓ 웃입술, 윗입술, 위입술	㉔ 윗국, 웃국, 위국
㉕ 윗머리, 웃머리, 위머리	㉖ 윗잇몸, 웃잇몸, 위잇몸
㉗ 윗기, 웃기, 위기	㉘ 윗목, 웃목, 위목
㉙ 윗자리, 웃자리, 위자리	㉚ 웃돈, 윗돈, 위돈
㉛ 웃몸, 윗몸, 위몸	㉜ 윗중방, 웃중방
㉝ 윗비, 웃비, 위비	㉞ 윗어른, 웃어른, 위어른
㉟ 웃옷, 윗옷, 위옷	

정답

❶ 윗넓이 ❷ 윗바람 ❸ 위짝
❹ 윗눈썹 ❺ 윗배 ❻ 위쪽
❼ 윗니 ❽ 윗벌 ❾ 위채
❿ 윗당줄 ⓫ 윗변 ⓬ 위층
⓭ 윗덧줄 ⓮ 윗사랑 ⓯ 위치마
⓰ 윗도리 ⓱ 윗세장 ⓲ 위턱
⓳ 윗동아리 ⓴ 윗수염 ㉑ 위팔
㉒ 윗막이 ㉓ 윗입술 ㉔ 웃국
㉕ 윗머리 ㉖ 윗잇몸 ㉗ 웃기
㉘ 윗목 ㉙ 윗자리 ㉚ 웃돈
㉛ 윗몸 ㉜ 윗중방 ㉝ 웃비
㉞ 웃어른 ㉟ 웃옷, 윗옷

+ 구법(句法): 시문(詩文) 따위의 구절을 만들거나 배열하는 방법

+ 경인구(警人句): 사람을 놀라게 할 만큼 잘 지은 시구(詩句)

+ 난구(難句): 이해하기 어려운 문장이나 구절

+ 단명구(短命句): 글쓴이의 목숨이 짧으리라는 징조가 드러나 보이는 글귀

+ 성구(成句): 하나의 뭉뚱그려진 뜻을 나타내는 글귀. 또는 예로부터 내려오는 관용구

+ 연구(聯句): 한 사람이 각각 한 구씩을 지어 이를 합하여 만든 시

제13항 | 한자 '구(句)'가 붙어서 이루어진 단어는 '귀'로 읽는 것을 인정하지 아니하고, '구'로 통일한다.

표준어(○)	비표준어(×)	비 고
구법(句法)+	귀법	
구절(句節)	귀절	
구점(句點)	귀점	구절 끝에 찍는 점
결구(結句)	결귀	
경구(警句)	경귀	
경인구(警人句)+	경인귀	
난구(難句)+	난귀	
단구(短句)	단귀	
단명구(短命句)+	단명귀	
대구(對句)	대귀	대구법(對句法)
문구(文句)	문귀	
성구(成句)+	성귀	성구어(成句語)
★시구(詩句)	시귀	
어구(語句)	어귀	
연구(聯句)+	연귀	
인용구(引用句)	인용귀	
절구(絶句)	절귀	

다만, 다음 단어는 '귀'로 발음되는 형태를 표준어로 삼는다.

★귀글(○) – 구글(×)　　　글귀(○) – 글구(×)

[Q5] **표준말에 ○표 하시오.**

❶ 귀법(句法), 구법(句法)	❷ 난구(難句), 난귀(難句)	❸ 시구(詩句), 시귀(詩句)
❹ 귀절(句節), 구절(句節)	❺ 단구(短句), 단귀(短句)	❻ 어구(語句), 어귀(語句)
❼ 구점(句點), 귀점(句點)	❽ 단명구(短命句), 단명귀(短命句)	❾ 연구(聯句), 연귀(聯句)
❿ 결구(結句), 결귀(結句)	⓫ 대귀(對句), 대구(對句)	⓬ 인용구(引用句), 인용귀(引用句)
⓭ 경귀(警句), 경구(警句)	⓮ 문귀(文句), 문구(文句)	⓯ 절귀(絶句), 절구(絶句)
⓰ 경인구(警人句), 경인귀(警人句)	⓱ 성구(成句), 성귀(成句)	
⓲ 귀글, 구글	⓳ 글귀, 글구	

제3절 준 말

제14항 | 준말이 널리 쓰이고 본말이 잘 쓰이지 않는 경우에는, 준말만을 표준어로 삼는다.

표준어(○)	비표준어(×)	비 고
*귀찮다	귀치 않다	
김	기음	김매다
*똬리+	또아리	
무	무우	무강즙, 무말랭이, 무생채, 가랑무, 갓무, 왜무, 총각무
미다	무이다	1. 털이 빠져 살이 드러나다. 2. 찢어지다
*뱀	배암	
뱀-장어	배암-장어	
빔+	비음	설빔, 생일빔
샘	새암	샘바르다, 샘바리
생-쥐	새앙-쥐	
솔개	소리개	
온-갖	온-가지	
장사-치	장사-아치	

+ 똬리: 짐을 머리에 일 때 머리에 받치는 고리 모양의 물건

+ 빔: 명절이나 잔치 때에 새 옷을 차려입음. 또는 그 옷의 뜻을 나타내는 말

정답

❶ 구법 ❷ 난구 ❸ 시구
❹ 구절 ❺ 단구 ❻ 어구
❼ 구점 ❽ 단명구 ❾ 연구
❿ 결구 ⓫ 대구 ⓬ 인용구
⓭ 경구 ⓮ 문구 ⓯ 절구
⓰ 경인구 ⓱ 성구 ⓲ 귀글
⓳ 글귀

제15항 | 준말이 쓰이고 있더라도, 본말이 널리 쓰이고 있으면 본말을 표준어로 삼는다.

표준어(○)	비표준어(×)	비 고
*경황-없다	경-없다	
*궁상-떨다	궁-떨다	
*귀-이개	귀-개	
낌새	낌	
*낙인-찍다	낙-하다/낙-치다	
*내왕-꾼+	냉-꾼	
돗-자리	돗	
*뒤웅-박+	뒝-박	
뒷물-대야	뒷-대야	
마구-잡이	막잡이	
*맵자-하다	맵자다	모양이 제격에 어울리다.
모이	모	
벽-돌	벽	
*부스럼+	부럼	정월 보름에 쓰는 '부럼'은 표준어임.
살얼음-판	살-판	
수두룩-하다	수둑-하다	
*암-죽+	암	
*어음+	엄	
일구다	일다	
죽-살이	죽-살	1. 삶과 죽음을 아울러 이르는 말 2. 죽고 사는 것을 다투는 정도의 고생
*퇴박-맞다+	퇴-맞다	
*한통-치다+	통-치다	

+ 내왕꾼: 절에서 심부름하는 일반 사람
+ 뒤웅박: 박을 쪼개지 않고 꼭지 근처에 구멍만 뚫어 속을 파낸 바가지
+ 부스럼: 피부에 나는 종기를 통틀어 이르는 말
+ 암죽: 곡식이나 밤의 가루로 묽게 쑨 죽
+ 어음: 일정한 금액을 일정한 날짜와 장소에서 지급하기로 약속한 유가 증권. 약속 어음과 환어음이 있음.
+ 퇴박맞다: 마음에 들지 아니하여 거절당하거나 물리침을 받다.
+ 한통치다: 나누지 아니하고 한곳에 합치다.

붙 임 다음과 같이 명사에 조사가 붙은 경우에도 이 원칙을 적용한다.
아래로(○) – 알로(×)

[Q6] 표준말에 ○표 하시오.

❶ 귀찮다, 귀치 않다	❷ 장사치, 장사아치	❸ 모, 모이
❹ 김, 기음	❺ 경없다, 경황없다	❻ 벽돌, 벽
❼ 또아리, 똬리	❽ 궁상떨다, 궁떨다	❾ 부럼, 부스럼
❿ 무우, 무	⓫ 귀개, 귀이개	⓬ 살판, 살얼음판
⓭ 미다, 무이다	⓮ 낌새, 낌	⓯ 수두룩하다, 수둑하다
⓰ 배암, 뱀	⓱ 낙하다/낙치다, 낙인찍다	⓲ 암죽, 암
⓳ 배암장어, 뱀장어	⓴ 내왕꾼, 냉꾼	㉑ 엄, 어음
㉒ 비음, 빔	㉓ 돗, 돗자리	㉔ 일다, 일구다
㉕ 샘, 새암	㉖ 뒤웅박, 뒹박	㉗ 죽살이, 죽살
㉘ 새앙쥐, 생쥐	㉙ 뒷물대야, 뒷대야	㉚ 퇴박맞다, 퇴맞다
㉛ 솔개, 소리개	㉜ 마구잡이, 막잡이	㉝ 통치다, 한통치다
㉞ 온가지, 온갖	㉟ 맵자다, 맵자하다	㊱ 알로, 아래로

제16항 | 준말과 본말이 다 같이 널리 쓰이면서 준말의 효용이 뚜렷이 인정되는 것은 두 가지를 다 표준어로 삼는다.

본말(표준어)	준말(표준어)	비 고
거짓-부리	거짓-불	작은말은 '가짓부리, 가짓불'임.
★노을	놀	저녁노을, 저녁놀
막대기	막대	
망태기	망태	
★머무르다	머물다	준말에는 자음 어미만 결합 가능함.
★서두르다	서둘다	
★서투르다	서툴다	
석새-삼베+	석새-베	
★시-누이	시-뉘/시-누	

'머무르다'와 같은 형태인 '짓무르다'는 준말이 없으므로 '짓물다'는 비표준어임에 유의하자.

+ 석새삼베 : 240올의 날실로 짠 성글고 굵은 베

정답

❶ 귀찮다 ❷ 장사치 ❸ 모이
❹ 김 ❺ 경황없다 ❻ 벽돌
❼ 똬리 ❽ 궁상떨다 ❾ 부스럼
❿ 무 ⓫ 귀이개 ⓬ 살얼음판
⓭ 미다 ⓮ 낌새 ⓯ 수두룩하다
⓰ 뱀 ⓱ 낙인찍다 ⓲ 암죽
⓳ 뱀장어 ⓴ 내왕꾼 ㉑ 어음
㉒ 빔 ㉓ 돗자리 ㉔ 일구다
㉕ 샘 ㉖ 뒤웅박 ㉗ 죽살이
㉘ 생쥐 ㉙ 뒷물대야
㉚ 퇴박맞다 ㉛ 솔개
㉜ 마구잡이 ㉝ 한통치다
㉞ 온갖 ㉟ 맵자하다 ㊱ 아래로

💬 '외우다, 외다' 모두 표준어이다.
예 영단어를 외워 보았다.(○)
영단어를 외어 보았다.(○)

+ 이기죽거리다: 자꾸 밉살스럽게 지껄이며 짓궂게 빈정거리다.

*오-누이	오-뉘/오-누	
*외우다	외다	외우며, 외워 : 외며, 외어
*이기죽-거리다+	이죽-거리다	
*찌꺼기	찌끼	'찌꺽지'는 비표준어임.

제4절 단수 표준어

제17항 | 비슷한 발음의 몇 형태가 쓰일 경우, 그 의미에 아무런 차이가 없고, 그중 하나가 더 널리 쓰이면, 그 한 형태만을 표준어로 삼는다.

표준어(○)	비표준어(×)	비 고
*거든-그리다	거둥-그리다	1. 거든하게 거두어 싸다. 2. 작은말은 '가든-그리다'임.
*구어-박다	구워-박다	사람이 한곳에서만 지내다.
귀-고리	귀엣-고리	
*귀-띔	귀-틤	
*귀-지	귀에-지	
까딱-하면	까땍-하면	
꼭두-각시	꼭둑-각시	
내색	나색	감정이 나타나는 얼굴빛
*내숭-스럽다	내흉-스럽다	
냠냠-거리다	얌냠-거리다	냠냠-하다
냠냠-이+	얌냠-이	
너[四]	네	너 돈, 너 말, 너 발, 너 푼
넉[四]	너/네	넉 냥, 넉 되, 넉 섬, 넉 자
*다다르다	다닫다	
*댑-싸리+	대-싸리	
*더부룩-하다	더뿌룩-하다/ 듬뿌룩-하다	덥수룩하다

+ 냠냠이: 어린아이의 말로, 먹고 싶은 음식을 이르는 말 / 맛있는 음식을 먹고 싶어 하는 일을 비유적으로 이르는 말

💬 '다닫다'는 옛말 '다다'에서 온 말이지만, 현대에는 '다다르다'만 쓰게 되었으므로 표준어에서 제외하였다.

+ 댑싸리: 명아줏과의 한해살이풀.

표준어(○)	비표준어(×)	비 고
★-던	-든	'-던'은 회상의 뜻을 나타내는 어미. 선택, 무관의 뜻을 나타내는 어미는 '-든'임. 가-든(지) 말-든(지), 보-든(가) 말-든(가)
-던가	-든가	
-던걸	-든걸	
-던고	-든고	
-던데	-든데	
-던지	-든지	
★-(으)려고	-(으)ㄹ려고/ -(으)ㄹ라고	
-(으)려야	-(으)ㄹ려야/ -(으)ㄹ래야	
망가-뜨리다	망그-뜨리다	
★멸치	며루치/메리치	
★반빗-아치	반비-아치	'반빗' 노릇을 하는 사람. 찬비(饌婢) '반비'는 밥 짓는 일을 맡은 계집종
보습	보십/보섭	
★본새+	뽄새	
★봉숭아	봉숭화	'봉선화'도 표준어임.
뺨-따귀	뺌-따귀/ 뺨-따구니	'뺨'의 비속어임.
뻐개다[斫]	뻐기다	두 조각으로 가르다.
뻐기다[誇]	뻐개다	뽐내다.
★사자-탈	사지-탈	
★상-판대기	쌍-판대기	'상판때기'가 아님에 유의할 것! (기출됨)
서[三]	세/석	서 돈, 서 말, 서 발, 서 푼
석[三]	세	석 냥, 석 되, 석 섬, 석 자

+ 본새: 어떤 물건의 본디의 생김새 / 어떠한 동작이나 버릇의 됨됨이

표준어(○)	비표준어(×)	비 고
설령(設令)	서령	
-습니다	-읍니다	먹습니다, 갔습니다, 없습니다, 있습니다, 좋습니다 모음 뒤에는 '-ㅂ니다'임.
시름-시름	시늠-시늠	
씀벅-씀벅	썸벅-썸벅	눈꺼풀을 움직이며 눈을 자꾸 감았다 떴다 하는 모양
아궁이	아궁지	
아내	안해	
어-중간	어지-중간	
*오금-팽이+	오금-탱이	'오금'은 무릎의 구부러지는 오목한 안쪽 부분
오래-오래	도래-도래	돼지 부르는 소리
-올시다	-올습니다	
*옹골-차다+	공골-차다	
우두커니	우두머니	작은말은 '오도카니'임.
잠-투정	잠-투세/ 잠-주정	
재봉-틀	자봉-틀	발재봉틀, 손재봉틀
*짓-무르다	짓-물다	
짚-북데기+	짚-북세기	'짚북더기'도 비표준어임.
쪽	짝	편(便). 이쪽, 그쪽, 저쪽. 다만, '아무-쪽'은 '짝'임.
*천장(天障)	천정	'천정부지(天井不知)+'는 '천정'임.
코-맹맹이	코-맹녕이	
*흉-업다+	흉-헙다	

'썸벅썸벅'이 '잘 드는 칼에 쉽게 자꾸 베어지는 모양이나 그 소리'의 뜻일 때는 표준어로 인정한다.

+ **오금팽이**: 구부러진 물건에서 오목하게 굽은 자리의 안쪽

+ **옹골차다**: 매우 옹골지다. (실속이 있게 속이 꽉 차 있다.)

+ **짚북데기**: 아무렇게나 엉클어진 볏짚의 북데기

+ **천정부지**: 천장을 모른다는 뜻으로, 물가 따위가 한없이 오르기만 함을 이르는 말

+ **흉업다**: 말이나 행동 따위가 불쾌할 정도로 흉하다.

제5절 복수 표준어

제18항 | 다음 단어는 하나를 원칙으로 하고, 다른 하나도 허용한다.

원칙	허용	비 고
★네	예	감탄사 '네, 예'의 반대말은 '아니오'가 아니라 감탄사 '아니요'이다.
★쇠-	소-	쇠(소)가죽, 쇠(소)고기, 쇠(소)기름, 쇠(소)머리, 쇠(소)뼈
★괴다	고이다	물이 괴다(고이다). 밑을 괴다(고이다).
★꾀다	꼬이다	어린애를 꾀다(꼬이다). 벌레가 꾀다(꼬이다).
★쐬다	쏘이다	바람을 쐬다(쏘이다).
★죄다	조이다	나사를 죄다(조이다).
★쬐다	쪼이다	볕을 쬐다(쪼이다).

'괴이다, 꾀이다, 쐬이다, 죄이다, 쬐이다'와 같은 말은 자주 쓰이기는 하나, 국어의 일반적인 음운 현상으로 설명하기 어려우므로 표준어로 인정하지 않는다.

제19항 | 어감의 차이를 나타내는 단어 또는 발음이 비슷한 단어들이 다 같이 널리 쓰이는 경우에는, 그 모두를 표준어로 삼는다.

표준어	표준어	비 고
★거슴츠레-하다	게슴츠레-하다	졸리거나 술에 취해서 눈이 흐리멍덩하며 거의 감길 듯 하다.
★고까+	꼬까	고까(꼬까)신, 고까(꼬까)옷
★고린-내	코린-내	'고리다/코리다', '구리다/쿠리다' 역시 모두 표준어이다.
★교기(驕氣)	갸기	교만한 태도
★구린-내	쿠린-내	
★꺼림-하다	께름-하다	께름직하다, 께름칙하다
★나부랭이	너부렁이	

+ 고까: 어린아이의 말로, 알록달록하게 곱게 만든 아이의 옷이나 신발 따위를 이르는 말

[Q7] 표준말에 ○표 하시오.

❶ 네, 예	❷ 죄다, 조이다	❸ 갸기, 교기(驕氣)
❹ 쇠-, 소-	❺ 쬐다, 쪼이다	❻ 구린-내, 쿠린-내
❼ 고이다, 괴다	❽ 거슴츠레-하다, 게슴츠레-하다	❾ 꺼림-하다, 께름-하다
❿ 꼬이다, 꾀다	⓫ 꼬까, 고까	⓬ 너부렁이, 나부랭이
⓭ 쐬다, 쏘이다	⓮ 코린-내, 고린-내	

정답: 전부 표준말이다.

제3장 어휘 선택의 변화에 따른 표준어 규정

제1절 고 어

제20항 | 사어(死語)가 되어 쓰이지 않게 된 단어는 고어로 처리하고, 현재 널리 사용되는 단어를 표준어로 삼는다.

표준어(○)	비표준어(×)	비 고
난봉+	봉	難捧: 빚으로 준 돈이나 물건을 못 받게 되는 일
낭떠러지	낭	
설거지-하다	설겆다	
애달프다	애닯다	
오동-나무	머귀-나무	
자두	오얏	

+ 난봉: 허랑방탕한 짓. 허랑방탕한 짓을 일삼는 사람(=난봉꾼)

[Q8] 표준말에 ○표 하시오.

❶ 난봉, 봉	❷ 설겆다, 설거지하다, 설거지하다	❸ 애달프다, 애닯다
❹ 오동나무, 머귀나무	❺ 오얏, 자두	❻ 낭떠러지, 낭

정답: ❶ 난봉 ❷ 설거지하다 ❸ 애달프다 ❹ 오동나무 ❺ 자두 ❻ 낭떠러지

제2절 한자어

제21항 | 고유어 계열의 단어가 널리 쓰이고 그에 대응되는 한자어 계열의 단어가 용도를 잃게 된 것은 고유어 계열의 단어만을 표준어로 삼는다.

혜선T만의 Only One 출좋포 6 | 제21항

❶ ______어 계열의 단어만을 표준어로 삼는다.

표준어(○)	비표준어(×)	비 고
*가루-약(藥)	말(末)-약(藥)	
*구들-장	방(房)-돌	
길품-삯	보행(步行)-삯	남이 갈 길을 대신 가 주고 받는 삯 ≒ 보행료, 보행전
*까막-눈	맹(盲)-눈	
*꼭지-미역	총각(總角)-미역	한 줌 안에 들어올 만큼을 모아서 잡아맨 미역
나뭇-갓+	시장(柴場)-갓	
늙-다리	노(老)-닥다리	1. 늙은 짐승 2. '늙은이'를 낮잡아 이르는 말
두껍-닫이+	두껍-창(窓)	
*떡-암죽(粥)	병(餠)-암죽(粥)	말린 흰무리를 빻아 묽게 쑨 죽
*마른-갈이	건(乾)-갈이	마른논에 물을 넣지 않고 논을 가는 일
*마른-빨래	건(乾)-빨래	
메-찰떡	반(半)-찰떡	
*박달-나무	배달-나무	
*밥-소라	식(食)-소라	밥, 떡국, 국수 따위를 담는 큰 놋그릇
*사래-논	사래-답(畓)	묘지기나 마름이 수고의 대가로 부쳐 먹는 논

+ 나뭇갓: 나무를 가꾸는 말림갓

+ 두껍닫이: 미닫이를 열 때, 문짝이 들어가 가리어지게 된 빈 곳

❶ 고유

+ 삯말: 삯을 주고 빌려 쓰는 말

+ 움파: 움 속에서 자란, 빛이 누런 파

표준어(○)	비표준어(×)	비 고
*사래-밭	사래-전(田)	
삯-말+	삯-마(馬)	
성냥	화(火)곽	
솟을-무늬	솟을-문(--紋)	피륙 따위에 조금 도드라지게 놓은 무늬
외-지다	벽(壁)-지다	
*움-파+	동(冬)-파	
잎-담배	잎-초(草)	
*잔-돈	잔-전(錢)	
조-당수	조-당죽(粥)	좁쌀을 물에 불린 다음 갈아서 묽게 쑨 음식
죽데기	피-죽(粥)	'죽더기'도 비표준어임.
지겟-다리	목(木)-발	지게 동발의 양쪽 다리
짐-꾼	부지-군(負持-)	
*푼-돈	분-전(錢)/ 푼-전(錢)	
흰-말	백(白)-말/ 부루(夫老)-말	'백마'는 표준어임.
흰-죽	백(白)-죽	

[Q9] 표준말에 ○표 하시오.

❶ 길품삯, 보행삯	❷ 까막눈, 맹눈	❸ 구들장, 방돌
❹ 꼭지미역, 총각미역	❺ 시장갓, 나뭇갓	❻ 늙다리, 노닥다리
❼ 두껍닫이, 두껍창	❽ 건갈이, 마른갈이	❾ 병암죽, 떡암죽
❿ 반찰떡, 메찰떡	⓫ 가루약, 말약	⓬ 마른빨래, 건빨래
⓭ 박달나무, 배달나무	⓮ 식소라, 밥소라	⓯ 사래답, 사래논
⓰ 성냥, 화곽	⓱ 삯말, 삯마	⓲ 사래밭, 사래전
⓳ 솟을문, 솟을무늬	⓴ 외지다, 벽지다	㉑ 동파, 움파
㉒ 조당수, 조당죽	㉓ 잔전, 잔돈	㉔ 잎담배, 잎초
㉕ 짐꾼, 부지군	㉖ 죽데기, 피죽	㉗ 목발, 지겟다리
㉘ 푼돈, 분전, 푼전	㉙ 백말, 부루말, 흰말	㉚ 흰죽, 백죽

정답

❶ 길품삯 ❷ 까막눈 ❸ 구들장 ❹ 꼭지미역 ❺ 나뭇갓 ❻ 늙다리 ❼ 두껍닫이 ❽ 마른갈이 ❾ 떡암죽 ❿ 메찰떡 ⓫ 가루약 ⓬ 마른빨래 ⓭ 박달나무 ⓮ 밥소라 ⓯ 사래논 ⓰ 성냥 ⓱ 삯말 ⓲ 사래밭 ⓳ 솟을무늬 ⓴ 외지다 ㉑ 움파 ㉒ 조당수 ㉓ 잔돈 ㉔ 잎담배 ㉕ 짐꾼 ㉖ 죽데기 ㉗ 지겟다리 ㉘ 푼돈 ㉙ 흰말 ㉚ 흰죽

02

제22항 | 고유어 계열의 단어가 생명력을 잃고 그에 대응되는 한자어 계열의 단어가 널리 쓰이면, 한자어 계열의 단어를 표준어로 삼는다.

혜선T만의 Only One 출좋포 7 | 제22항

❶ ________어 계열의 단어만을 표준어로 삼는다.

표준어(○)	비표준어(×)	비 고
★개다리-소반(小盤)	개다리-밥상	
★겸상(兼牀)	맞-상	
★고봉(高捧)-밥	높은-밥	그릇 위로 수북하게 높이 담은 밥
★단(單)-벌	홑-벌	
★마방(馬房)-집	마바리-집	馬房~. 말을 두고 삯짐 싣는 일을 업으로 하는 집
★민망(憫惘)-스럽다 / 면구(面灸)-스럽다	민주-스럽다	
★방(房)-고래	구들-고래	방의 구들장 밑으로 나 있는, 불길과 연기가 통하여 나가는 길
★부항(附缸)-단지	뜸-단지	부항을 붙이는 데 쓰는 작은 단지
산(山)-누에	멧-누에	
산(山)-줄기	멧-줄기/ 멧-발	
★수삼(水蔘)+	무-삼	
심(心)-돋우개+	불-돋우개	
★양(洋)-파	둥근-파	
★어질-병(病)+	어질-머리	
★윤(閏)-달+	군-달	

정답

❶ 한자

+ 수삼(水蔘) : 말리지 않은 인삼

+ 심돋우개 : 등잔의 심지를 돋우는 쇠꼬챙이

+ 어질병(病) : 정신이 어지럽고 혼미해지는 병

+ 윤달 : 윤년에 드는 달. 달력의 계절과 실제 계절과의 차이를 조절하기 위하여, 1년 중의 달수가 어느 해보다 많은 달을 이른다.

표준어(○)	비표준어(×)	비 고
장력(壯力)-세다	장성-세다	씩씩하고 굳세어 무서움을 타지 아니하다.
제석(祭席)	젯-돗	제사를 지낼 때 까는 돗자리
*총각(總角)-무	알-무/ 알타리-무	
*칫(齒)-솔	잇-솔	
*포수(砲手)	총-댕이	

[Q10] 표준말에 ○표 하시오.

❶ 개다리소반, 개다리밥상	❷ 방고래, 구들고래	❸ 뜸단지, 부항단지
❹ 마방집, 마바리집	❺ 단벌, 홑벌	❻ 무삼, 수삼
❼ 심돋우개, 불돋우개	❽ 고봉밥, 높은밥	❾ 둥근파, 양파
❿ 총각무, 알무, 알타리무	⓫ 윤달, 군달	⓬ 장성세다, 장력세다
⓭ 민망스럽다, 면구스럽다, 민주스럽다	⓮ 어질머리, 어질병	⓯ 총댕이, 포수
⓰ 겸상, 맞상		

정답

❶ 개다리소반 ❷ 방고래 ❸ 부항단지 ❹ 마방집 ❺ 단벌 ❻ 수삼 ❼ 심돋우개 ❽ 고봉밥 ❾ 양파 ❿ 총각무 ⓫ 윤달 ⓬ 장력세다 ⓭ 민망스럽다, 면구스럽다 ⓮ 어질병 ⓯ 포수 ⓰ 겸상

제3절 방 언

제23항 | 방언이던 단어가 표준어보다 더 널리 쓰이게 된 것은, 그것을 표준어로 삼는다. 이 경우, 원래의 표준어는 그대로 표준어로 남겨 두는 것을 원칙으로 한다.

혜선T만의 Only One 출좋포 8 | 제23항

❶ ________ 과 ❷ ________________ 모두 표준어로 삼는다.

정답

❶ 방언 ❷ 기존 표준어

표준어(방언)	표준어	비 고
*멍게	우렁쉥이	
*물-방개	선두리	
*애-순	어린-순	나무나 풀의 새로 돋아나는 어린싹

02

제24항 | 방언이던 단어가 널리 쓰이게 됨에 따라 표준어이던 단어가 안 쓰이게 된 것은 방언이던 단어를 표준어로 삼는다.

혜선T만의 Only One 출좋포 9 | 제24항

❶ ________만 표준어로 삼는다.

표준어(○)	비표준어(×)	비 고
*귀밑-머리+	귓-머리	
까-뭉개다+	까-무느다	
막상	마기	
*빈대-떡	빈자-떡	
*생인-손+	생안-손	준말은 '생-손'임.
*역-겹다	역-스럽다	
*코-주부	코-보	'코가 큰 사람'을 농조로 이르는 말

+ 귀밑머리: 이마 한가운데를 중심으로 좌우로 갈라 귀 뒤로 넘겨 땋은 머리
+ 까뭉개다: 높은 데를 파서 깎아 내리다. / 인격이나 문제 따위를 무시해 버리다.
+ 생인손: 손가락 끝에 나는 종기

[Q11] 표준말에 ○표 하시오.

❶ 멍게, 우렁쉥이	❷ 까뭉개다, 까무느다	❸ 역겹다, 역스럽다
❹ 선두리, 물방개	❺ 막상, 마기	❻ 코보, 코주부
❼ 어린순, 애순	❽ 빈자떡, 빈대떡	❾ 귓머리, 귀밑머리
❿ 생인손, 생안손		

정답
❶ 방언

정답
❶ 멍게, 우렁쉥이 ❷ 까뭉개다
❸ 역겹다 ❹ 선두리, 물방개
❺ 막상 ❻ 코주부
❼ 어린순, 애순 ❽ 빈대떡
❾ 귀밑머리 ❿ 생인손

제4절 단수 표준어

제25항 | 의미가 똑같은 형태가 몇 가지 있을 경우, 그중 어느 하나가 압도적으로 널리 쓰이면, 그 단어만을 표준어로 삼는다.

표준어(○)	비표준어(×)	비 고
-게끔	-게시리	
겸사-겸사	겸지-겸지/ 겸두-겸두	
고구마	참-감자	
고치다	낫우다	병을 고치다.
골목-쟁이+	골목-자기	
★광주리	광우리	
★괴통	호구	자루를 박는 부분
국-물	멀-국/말-국	
★군-표+	군용-어음	
★길-잡이	길-앞잡이	'길라잡이'도 표준어임.
까치-발	까치-다리	선반 따위를 받치는 물건
꼬창-모	말뚝-모	꼬챙이로 구멍을 뚫으면서 심는 모
나룻-배	나루	'나루[津]'는 표준어임.
납-도리+	민-도리	
★농-지거리+	기롱-지거리	다른 의미의 '기롱지거리'는 표준어임.
다사-스럽다	다사-하다	간섭을 잘하다.
다오	다구	이리 다오.
담배-꽁초	담배-꼬투리/ 담배-꽁치/ 담배-꽁추	
담배-설대	대-설대	
대장-일+	성냥-일	

+ 골목쟁이: 골목에서 좀 더 깊숙이 들어간 좁은 곳

+ 군표: 전쟁 지역이나 점령지에서 쓰는 긴급 통화

+ 납도리: 모가 나게 만든 도리(목조 건물의 골격이 되는 재료)

+ 농지거리: 점잖지 않게 마구 하는 농담

+ 대장일: 수공업적인 방법으로 쇠를 달구어 연장 따위를 만드는 일

표준어(○)	비표준어(×)	비 고
*뒤져-내다+	뒤어-내다	
뒤통수-치다	뒤꼭지-치다	
등-나무	등-칡	
등-때기	등-떠리	'등'의 낮은 말
등잔-걸이+	등경-걸이	
*떡-보+	떡-충이	
똑딱-단추	딸꼭-단추	
매-만지다	우미다	
먼-발치	먼-발치기	
*며느리-발톱+	뒷-발톱	
명주-붙이	주-사니	
목-메다	목-맺히다	
밀짚-모자	보릿짚-모자	
바가지	열-바가지/열-박	
바람-꼭지	바람-고다리	튜브의 바람을 넣는 구멍에 붙은, 쇠로 만든 꼭지
*반-나절+	나절-가웃	
반두	독대	그물의 한 가지
*버젓-이	뉘연-히	
본-받다	법-받다	
*부각+	다시마-자반	
부끄러워-하다	부끄리다	
*부스러기	부스럭지	
부지깽이+	부지팽이	
*부항-단지	부항-항아리	부스럼에서 피고름을 빨아 내기 위하여 부항을 붙이는 데 쓰는 자그마한 단지
*붉으락-푸르락	푸르락-붉으락	
비켜-덩이	옆-사리미	김맬 때에 흙덩이를 옆으로 빼내는 일, 또는 그 흙덩이

+ 뒤져내다: 샅샅이 뒤져서 들춰 내거나 찾아내다.

+ 등잔걸이: 나무나 놋쇠 따위로 촛대와 비슷하게 만든, 등잔을 걸어 놓는 기구

+ 떡보: 떡을 남달리 잘 먹는 사람

+ 며느리발톱: 사람의 새끼발톱 뒤에 덧달린 작은 발톱 / 말이나 소 따위 짐승의 뒷발에 달린 발톱

+ 반나절: 1. 한나절의 반. 2. 하룻낮의 반(半)

+ 부각: 다시마 조각, 깻잎, 고추 따위에 찹쌀 풀을 발라 말렸다가 기름에 튀긴 반찬

+ 부지깽이: 아궁이 따위에 불을 땔 때, 불을 헤치거나 끌어내거나 하는 데 쓰는 막대기

+ **빙충이**: 똘똘하지 못하고 어리석으며 수줍음을 잘 타는 사람

+ **살풀이**: 타고난 살(煞)을 풀기 위하여 하는 굿

+ **새앙손이**: 손가락 모양이 생강처럼 생긴 사람

+ **쌍동밤**: 한 껍데기 속에 두 쪽이 들어 있는 밤

표준어(○)	비표준어(×)	비 고
★빙충-이+	빙충-맞이	작은말은 '뱅충이'
★빠-뜨리다	빠-치다	'빠트리다'도 표준어임.
뻣뻣-하다	왜긋다	
뽐-내다	느물다	
사로-잠그다	사로-채우다	자물쇠나 빗장 따위를 반 정도만 걸어 놓다.
살-풀이+	살-막이	
상투-쟁이	상투-꼬부랑이	상투 튼 이를 놀리는 말
★새앙-손이+	생강-손이	'생인손(제24항)'과는 다른 말
★샛-별	새벽-별	
선-머슴	풋-머슴	
섭섭-하다	애운-하다	
속-말	속-소리	국악 용어 '속소리'는 표준어임.
손목-시계	팔목-시계/ 팔뚝-시계	
손-수레	손-구루마	'구루마'는 일본어임.
쇠-고랑	고랑-쇠	
★수도-꼭지	수도-고동	
숙성-하다	숙-지다	
순대	골집	
술-고래	술-꾸러기/ 술-부대/ 술-보/술-푸대	
식은-땀	찬-땀	
신기-롭다	신기-스럽다	'신기하다'도 표준어임.
★쌍동-밤+	쪽-밤	
쏜살-같이	쏜살-로	
아주	영판	

02

표준어(○)	비표준어(×)	비 고
안-걸이	안-낚시	씨름 용어
*안다미-씌우다	안다미-시키다	제가 담당할 책임을 남에게 넘기다.
안쓰럽다+	안-슬프다	
*안절부절-못하다	안절부절-하다	
앉은뱅이-저울	앉은-저울	
알-사탕	구슬-사탕	
암-내	곁땀-내	
앞-지르다	따라-먹다	
애-벌레	어린-벌레	
얕은-꾀	물탄-꾀	
언뜻	펀뜻	
언제나	노다지	
얼룩-말	워라-말	
열심-히	열심-으로	
입-담+	말-담	
자배기	너벅지	운두가 과히 높지 않고 아가리가 둥글넓적한 질그릇
전봇-대	전선-대	
*쥐락-펴락	펴락-쥐락	
-지만	-지만서도	← -지마는
짓고-땡+	지어-땡/ 짓고-땡이	
짧은-작+	짜른-작	
찹-쌀	이-찹쌀	
청대-콩+	푸른-콩	
*칡-범+	갈-범	

+ **안쓰럽다**: 손아랫사람이나 약자에게 도움을 받거나 폐를 끼쳤을 때 마음에 미안하고 딱하다. / 손아랫사람이나 약자의 딱한 형편이 마음이 아프고 가엽다.

+ **입담**: 말하는 솜씨나 힘

+ **짓고땡**: 화투 노름의 하나 / 하는 일이 뜻대로 잘되어 가는 것을 속되게 이르는 말

+ **짧은작**: 길이가 짧은 화살

+ **청대콩**: 콩의 한 품종. 열매의 껍질과 속살이 다 푸르다.

+ **칡범**: 몸에 칡덩굴 같은 어룽어룽한 줄무늬가 있는 범

[Q12] 표준말에 ○표 하시오.

① 게끔, 게시리	② 바람꼭지, 바람고다리	③ 쏜살같이, 쏜살로
④ 겸사겸사, 겸지겸지, 겸두겸두	⑤ 나절가웃, 반나절	⑥ 아주, 영판
⑦ 참감자, 고구마	⑧ 독대, 반두	⑨ 안낚시, 안걸이
⑩ 낫우다, 고치다	⑪ 버젓이, 뉘연히	⑫ 안다미시키다, 안다미씌우다
⑬ 골목쟁이, 골목자기	⑭ 본받다, 법받다	⑮ 안쓰럽다, 안슬프다
⑯ 광주리, 광우리	⑰ 다시마자반, 부각	⑱ 안절부절못하다, 안절부절하다
⑲ 호구, 괴통	⑳ 부끄러워하다, 부끄리다	㉑ 앉은저울, 앉은뱅이저울
㉒ 국물, 멀국, 말국	㉓ 부스러기, 부스럭지	㉔ 알사탕, 구슬사탕
㉕ 군용어음, 군표	㉖ 부지깽이, 부지팽이	㉗ 곁땀내, 암내
㉘ 길잡이, 길앞잡이	㉙ 부항항아리, 부항단지	㉚ 따라먹다, 앞지르다
㉛ 까치발, 까치다리	㉜ 붉으락푸르락, 푸르락붉으락	㉝ 어린벌레, 애벌레
㉞ 나룻배, 나루	㉟ 빙충맞이, 빙충이	㊱ 언뜻, 펀뜻
㊲ 민도리, 납도리	㊳ 빠뜨리다, 빠치다	㊴ 노다지, 언제나
㊵ 다사스럽다, 다사하다	㊶ 뽐내다, 느물다	㊷ 열심히, 열심으로
㊸ 다구, 다오	㊹ 사로채우다, 사로잠그다	㊺ 말담, 입담
㊻ 대장일, 성냥일	㊼ 새앙손이, 생강손이	㊽ 쥐락펴락, 펴락쥐락
㊾ 뒤어내다, 뒤져내다	㊿ 새벽별, 샛별	(51) -지만서도, -지만
(52) 쪽밤, 쌍동밤		

정답

① 게끔 ② 바람꼭지
③ 쏜살같이 ④ 겸사겸사
⑤ 반나절 ⑥ 아주 ⑦ 고구마
⑧ 반두 ⑨ 안걸이 ⑩ 고치다
⑪ 버젓이 ⑫ 안다미씌우다
⑬ 골목쟁이 ⑭ 본받다
⑮ 안쓰럽다 ⑯ 광주리 ⑰ 부각
⑱ 안절부절못하다 ⑲ 괴통
⑳ 부끄러워하다
㉑ 앉은뱅이저울 ㉒ 국물
㉓ 부스러기 ㉔ 알사탕
㉕ 군표 ㉖ 부지깽이 ㉗ 암내
㉘ 길잡이 ㉙ 부항단지
㉚ 앞지르다 ㉛ 까치발
㉜ 붉으락푸르락 ㉝ 애벌레
㉞ 나룻배 ㉟ 빙충이 ㊱ 언뜻
㊲ 납도리 ㊳ 빠뜨리다
㊴ 언제나 ㊵ 다사스럽다
㊶ 뽐내다 ㊷ 열심히 ㊸ 다오
㊹ 사로잠그다 ㊺ 입담
㊻ 대장일 ㊼ 새앙손이
㊽ 쥐락펴락 ㊾ 뒤져내다
㊿ 샛별 (51) -지만 (52) 쌍동밤

제5절 복수 표준어

제26항 | 한 가지 의미를 나타내는 형태 몇 가지가 널리 쓰이며 표준어 규정에 맞으면, 그 모두를 표준어로 삼는다.

복수 표준어(○)	비 고
*가는-허리/잔-허리	
*가락-엿/가래-엿	
*가뭄/가물	'가뭄철/가물철', '왕가뭄/왕가물' 도 복수 표준어
*가엾다/가엽다	가엾어/가여워, 가엾은/가여운
*감감-무소식/감감-소식	
*개수-통/설거지-통	'설겆다'는 '설거지-하다'로
개숫-물/설거지-물	
*갱-엿/검은-엿	
-거리다/-대다	가물거리다(대다), 출렁거리다(대다)
*거위-배/횟-배	회충으로 인한 배앓이
것/해	내 것(해), 네 것(해), 뉘 것(해)
*게을러-빠지다/게을러-터지다	
*고깃-간/푸줏-간	'고깃-관, 푸줏-관, 다림-방'은 비표준어임.
곰곰/곰곰-이	
관계-없다/상관-없다	
*교정-보다/준-보다+	
*구들-재/구재	방고래에 앉은 그을음과 재
귀퉁-머리/귀퉁-배기	'귀퉁이'의 비어임.
*극성-떨다/극성-부리다	
*기세-부리다/기세-피우다	남에게 영향을 끼칠 기운이나 태도를 드러내 보이다.

복수 표준어의 활용

1. '가엾다'는 '가엾어, 가엾으니'와 같이 활용하는 규칙 활용 용언이다. '가엽다'는 '가여워, 가여우니'와 같이 활용하는 'ㅂ' 불규칙 활용 용언이다.
2. '서럽다'는 '서러워, 서러우니'와 같이 활용하고 '섧다'는 '설워, 설우니'와 같이 활용하므로 둘 다 'ㅂ' 불규칙 활용 용언이다.
3. '여쭙다'는 '여쭈워, 여쭈우니'와 같이 활용하는 'ㅂ' 불규칙 활용 용언이다. '여쭈다'는 '여쭈어(여쭤), 여쭈니'와 같이 규칙 활용한다.

+ 교정보다/준보다 : 인쇄물의 오자・배열・색 따위를 바로잡다.

복수 표준어(○)	비 고
*기승-떨다/기승-부리다	1. 성미가 억척스럽고 굳세어 좀처럼 굽히려고 하지 않다. 2. 기운이나 힘 따위가 성해서 좀처럼 누그러들지 않다.
*깃-저고리/배내-옷/배냇-저고리+	
*꼬까/때때/고까	꼬까(때때/고까)신, 꼬까(때때/고까)옷
꼬리-별/살-별+	
꽃-도미/붉-돔	
나귀/당-나귀	
날-걸/세-뿔	윷판의 끝에서 셋째 자리. 날윷과 날개의 사이
내리-글씨/세로-글씨	
*넝쿨/덩굴	'덩쿨'은 비표준어임.
녘/쪽	동녘(쪽), 서녘(쪽)
*눈-대중/눈-어림/눈-짐작	
느리-광이/느림-보/늘-보	
늦-모/마냥-모	← 만이앙-모. 제철보다 늦게 내는 모
다기-지다/다기-차다	마음이 굳고 야무지다.
다달-이/매-달	
-다마다/-고말고	
다박-나룻/다박-수염	다보록하게(수염이나 머리털 따위가 짧고 촘촘하게 많이 나서 소담하다) 난 짧은 수염
*닭의-장/닭-장+	
댓-돌/툇-돌	
덧-창/겉-창	

+ 깃저고리/배내옷/배냇저고리: 깃과 섶을 달지 않은, 갓난아이의 저고리

+ 꼬리별(= 살별): 혜성

'마냥모'는 종래 '만이앙모(晩移秧-)'에서 온 말이라 하여 '만양모'로 적었으나 현대에는 어원을 거의 인식하지 못하므로 소리 나는 대로 표기하도록 하였다.

+ 닭의장/닭장: 닭을 가두어 두는 집

복수 표준어(○)	비 고
독장-치다/독판-치다	어떠한 판을 혼자서 휩쓸다.
동자-기둥/쪼구미	들보 위에 세우는 짧은 기둥
돼지-감자/뚱딴지+	
★되우/된통/되게+	
두동-무니/두동-사니	윷놀이에서, 두 동이 한데 포개어져 가는 말
★뒷-갈망/뒷-감당+	
뒷-말/뒷-소리	
들락-거리다/들랑-거리다	
들락-날락/들랑-날랑	
★딴-전/딴-청+	딴-죽
★땅-콩/호-콩	
땔-감/땔-거리	
★-뜨리다/-트리다	깨뜨리다(트리다), 떨어뜨리다(트리다), 쏟뜨리다(트리다)
뜬-것/뜬-귀신	떠돌아다니는 못된 귀신
마룻-줄/용총-줄	돛대에 매어 놓은 줄. '이어줄'은 비표준어임.
마-파람/앞-바람	뱃사람들의 은어로, '남풍'을 이르는 말
만장-판/만장-중(滿場中)	많은 사람이 모인 곳. 또는 그 많은 사람
★만큼/만치	
말-동무/말-벗	
매-갈이/매-조미+	
매-통/목-매	곡물의 껍질을 벗기는 농기구
먹-새/먹음-새	음식을 먹는 태도. '먹음-먹이'는 비표준어임.
★멀찌감치/멀찌가니/멀찍이	'일찌감치/일찌거니/일찍이', '널찌감치/널찍이', '느지감치/느지거니/느직이'도 표준어

+ 돼지감자/뚱딴지: 땅속줄기는 감자 모양이고 줄기에는 잔털이 났으며, 늦여름에 황색 꽃이 핌. 덩이줄기는 사료나 알코올의 원료로 씀.

+ 되우(= 된통, 되게) : 아주 몹시

'되우'는 이제 그 쓰임이 활발치 못하나 고어로 처리하기에는 이르다 하여 복수 표준어로 인정하였다.

+ 뒷갈망(= 뒷감당) : 일의 뒤끝을 맡아서 처리함.

+ 딴전(= 딴청) : 그 일과는 전혀 관계가 없는 일이나 행동

+ 매갈이/매조미 : 벼를 매통에 갈아서 왕겨만 벗기고 속겨는 벗기지 아니한 쌀을 만드는 일

복수 표준어(○)	비 고
*멱통/산-멱/산-멱통	살아 있는 동물의 목구멍
면-치레/외면-치레	체면이 서도록 일부러 어떤 행동을 함. 또는 그 행동
모-내다/모-심다	모-내기/모-심기
*모쪼록/아무쪼록+	
목판-되/모-되	네 모가 반듯하게 된 되
목화-씨/면화-씨	
*무심-결/무심-중	
*물-봉숭아/물-봉선화	
물-부리/빨-부리+	
물-심부름/물-시중	
물추리-나무/물추리-막대	
물-타작/진-타작+	
*민둥-산/벌거숭이-산+	
밑-층/아래-층	
*바깥-벽/밭-벽	
바른/오른[右]	바른(오른)손, 바른(오른)쪽, 바른(오른)편
발-모가지/발-목쟁이	'발목'의 비속어임.
*버들-강아지/버들-개지+	
*벌레/버러지	'벌거지, 벌러지'는 비표준어임.
변덕-스럽다/변덕-맞다	
*보-조개/볼-우물	
*보통-내기/여간-내기/예사-내기	'행-내기'는 비표준어임.
볼-따구니/볼-퉁이/볼-때기	'볼'의 비속어임.
부침개-질/부침-질/지짐-질	'부치개-질'은 비표준어임.

+ **모쪼록/아무쪼록**: 될 수 있는 대로

+ **물부리/빨부리**: 담배를 끼워서 빠는 물건

+ **물타작/진타작**: 베어 말릴 사이 없이 물벼 그대로 이삭을 떨어서 낟알을 거둠. 또는 그 타작 방법

+ **민둥산(= 벌거숭이산)**: 나무가 없는 번번한 산

+ **버들강아지/버들개지**: 버드나무의 꽃

복수 표준어(○)	비 고
불똥-앉다/등화-지다/등화-앉다	심지 끝에 등화(등잔불이나 촛불의 심지 끝이 타서 맺힌 불똥을 비유적으로 이르는 말)가 생기다.
불-사르다/사르다	
비발/비용(費用)	드는 돈
*뾰두라지/뾰루지	
*살-쾡이/삵	삵-피(살쾡이의 가죽)
삽살-개/삽사리	
상두-꾼/상여-꾼	'상도-꾼, 향도-꾼'은 비표준어임.
상-씨름/소-걸이+	
*생/새앙/생강	
생-뿔/새앙-뿔/생강-뿔	'쇠뿔'의 형용
생-철/양-철	1. '서양-철'은 비표준어임. 2. '生鐵'은 '무쇠'임.
*서럽다/섧다	'섧다'는 비표준어임. 모두 'ㅂ' 불규칙 용언이다.
서방-질/화냥-질+	
*성글다/성기다+	
*-(으)세요/-(으)셔요	'이시어요'의 준말. 주체 높임 선어말어미 '시'가 쓰임
송이/송이-버섯	
수수-깡/수숫-대	
술-안주/안주	
-스레하다/-스름하다	거무스레하다(거무스름하다), 발그스레하다(발그스름하다)
시늉-말/흉내-말	
시새/세사(細沙)+	
신/신발	
*신주-보/독보(櫝褓)+	
심술-꾸러기/심술-쟁이	

+ 상씨름/소걸이: 상으로 소를 걸고 겨루는 씨름

+ 서방질/화냥질: 자기 남편이 아닌 남자와 정을 통하는 짓

+ 성글다/성기다: 물건의 사이가 배지 않고 뜨다.

+ 시새/세사(細沙): 가늘고 고운 모래

+ 신주보(=독보): 신주를 모셔 두는 궤를 덮는 보

복수 표준어(○)	비 고
씁쓰레-하다/씁쓰름-하다	
아귀-세다/아귀-차다	마음이 굳세어 남에게 잘 꺾이지 아니하다.
아래-위/위-아래	
*아무튼/어떻든/어쨌든/하여튼/여하튼	
앉음-새/앉음-앉음	
*알은-척/알은-체	'어떤 일에 관심을 가지는 듯한 태도를 보임', '사람을 보고 인사하는 표정을 지음'이라는 뜻
애-갈이/애벌-갈이	논이나 밭을 첫 번째 가는 일
애꾸눈-이/외눈-박이	'외대-박이, 외눈-퉁이'는 비표준어임.
양념-감/양념-거리	
어금버금-하다/어금지금-하다+	
어기여차/어여차	
*어림-잡다/어림-치다	
어이-없다/어처구니-없다	
*어저께/어제	
*언덕-바지/언덕-배기+	
얼렁-뚱땅/엄벙-뗑	
여왕-벌/장수-벌	
*여쭈다/여쭙다	여쭈어/여쭈워
*여태/입때	'여직'은 비표준어임.
*여태-껏/이제-껏/입때-껏	'여지-껏'은 비표준어임.
*역성-들다/역성-하다	'편역-들다'는 비표준어임.
*연-달다/잇-달다/잇따르다	'잇달다'가 타동사로 쓰이는 경우에는 복수 표준어가 될 수 없다.
*엿-가락/엿-가래	

'아는 척/체'는 모르는데도 아는 것처럼 말하거나 행동함을 이르는 말로, 의미가 완전히 다르다.

+ 어금버금하다/어금지금하다: 서로 엇비슷하여 정도나 수준에 큰 차이가 없다.

+ 언덕바지/언덕배기: 언덕의 꼭대기

'화물칸을 객차 뒤에 잇달았다.'와 같은 예에서 '잇달다' 대신에 '연달다, 잇따르다'를 쓰는 것은 옳지 않다.

복수 표준어(○)	비 고
엿-기름/엿-길금	
엿-반대기/엿-자박+	
오사리-잡놈/오색-잡놈	온갖 못된 짓을 거침없이 하는 잡놈. '오합-잡놈'은 비표준어임.
★옥수수/강냉이	옥수수(강냉이)떡, 옥수수(강냉이) 묵, 옥수수(강냉이)밥, 옥수수(강냉이)튀김
왕골-기직/왕골-자리+	
외겹-실/외올-실/홑-실	'홑겹-실, 올-실'은 비표준어임.
외손-잡이/한손-잡이	
욕심-꾸러기/욕심-쟁이	
★우레/천둥	우렛-소리/천둥-소리 '우뢰'는 표준어가 아니다.
★우지/울-보	
을러-대다/을러-메다+	
의심-스럽다/의심-쩍다	
★-이에요/-이어요	
이틀-거리/당-고금	학질의 일종임.
일일-이/하나-하나	
★일찌감치/일찌거니	
입찬-말/입찬-소리	자기의 지위나 능력을 믿고 지나치게 장담하는 말
자리-옷/잠-옷	
★자물-쇠/자물-통	
★장가-가다/장가-들다	'서방-가다'는 비표준어임.
★재롱-떨다/재롱-부리다	
제-가끔/제-각기	
좀-처럼/좀-체	'좀-체로, 좀-해선, 좀-해'는 비표준어임.

+ **엿반대기/엿자박**: 엿으로 만든 가루를 반죽한 것이나 삶은 푸성귀 등을 편편하고 둥글넓적하게 만든 조각

+ **왕골기직/왕골자리**: 왕골껍질을 굵게 쪼개어 엮어 만든 기직

+ **을러대다/을러메다**: 위협적인 언동으로 을러서 남을 억누르다.

+ 줄꾼(= 줄잡이) : 가래질할 때 줄을 당기는 사람
+ 중신(= 중매) : 결혼이 이루어지게 중간에서 사람을 소개하는 일
+ 책씻이/책거리 : 글방 따위에서 학생이 책 한 권을 다 읽어 떼거나 다 베껴 쓰고 난 뒤에 선생과 동료들에게 한턱내는 일

복수 표준어(○)	비 고
줄-꾼/줄-잡이+	
*중신/중매+	
짚-단/짚-뭇	
쪽/편	오른쪽(편), 왼쪽(편)
차차/차츰	
*책-씻이/책-거리+	
*척/체	모르는 척(체), 잘난 척(체)
*천연덕-스럽다/천연-스럽다	
철-따구니/철-딱서니/철-딱지	'철-때기'는 비표준어임.
*추어-올리다/추어-주다	실제보다 과장되게 칭찬하다. ≒ 추켜올리다, 치켜올리다, 추켜세우다, 치켜세우다
축-가다/축-나다	일정한 양이나 수에서 부족이 생기다.
침-놓다/침-주다	
통-꼭지/통-젖	통에 붙은 손잡이
파자-쟁이/해자-쟁이	점치는 이
편지-투/편지-틀	편지글의 격식이나 본보기. 또는 그것을 적은 책
한턱-내다/한턱-하다	
해웃-값/해웃-돈	기생, 창기 따위와 관계를 가지고 그 대가로 주는 돈 '해우-차'는 비표준어임.
혼자-되다/홀로-되다	
*흠-가다/흠-나다/흠-지다	

MEMO

박혜선 최단기간 어문 규정

PART 03

한글 맞춤법

PART 03

한글 맞춤법

제1장 총 칙

최빈출 赤攷기출

다음 한글 맞춤법 총칙의 내용에 모두 부합하는 것은?

> 한글 맞춤법은 표준어를 ㉠ 소리대로 적되, ㉡ 어법에 맞도록 함을 원칙으로 한다.

	㉠	㉡		㉠	㉡
①	살코기	드러나다	②	부나비	쌍룡
③	가십시오	돌잔치	④	짭짤하다	곱빼기

제1항 | 한글 맞춤법은 표준어를 소리대로 적되, 어법에 맞도록 함을 원칙으로 한다.

해선T만의 Only One 출좋포 1 | 표음주의와 표의 주의

1. 한글 맞춤법은 표준어를 소리대로 적되, (= ❶ ________ 이 표기에 반영됨, ❷ ________ 을 밝혀 적음.)

   예 수캉아지, 익명, 바느질, 씁쓸하다

2. 어법에 맞도록 함을 원칙으로 한다. (= ❸ ________ 을 밝혀 적음.)

   예 꽃이[꼬치], 꽃을[꼬츨], 꽃에[꼬체]
   꽃나무[꼰나무], 꽃놀이[꼰노리], 꽃망울[꼰망울]
   꽃과[꼳꽈], 꽃다발[꼳따발], 꽃밭[꼳빧]

해설

'불+나비'에서 ㄹ이 탈락된 것이므로 소리대로 적은 ㉠에 해당한다. ㉡ '쌍룡'은 龍(용 룡)에서 두음법칙이 적용되지 않은 채 표기된 것이므로 ㉡에 해당한다. (만일 두음법칙이 적용되는 환경이었다면 ㉡에 해당한다.)

오답풀이 ① '살ㅎ+고기'는 'ㅎ+ㄱ'의 자음 축약이 일어나므로 ㉠에 해당한다. '드러나다'는 소리대로 적은 것이므로 ㉠에 해당한다.
③ '가십시오'는 [가십씨요]로 소리 나도 '가십시오'로 원형을 밝혀 적고 있으므로 ㉡에 해당한다. '돌잔치'는 소리대로 적은 것이므로 ㉠에 해당한다.
④ '짭짤하다, 곱빼기' 모두 소리대로 적은 것이므로 ㉠에 해당한다.
▶②

정답

❶ 음운 변동 ❷ 표준 발음
❸ 원형

03

제2장 자 모

최빈출 亦攷기출

사전 등재 순서에 맞게 배열된 것은? 2014. 지방직 9급

① 두다 – 뒤켠 – 뒤뜰 – 따뜻하다
② 냠냠 – 네모 – 넘기다 – 늴리리
③ 얇다 – 앳되다 – 여름 – 에누리
④ 괴롭다 – 교실 – 구름 – 귀엽다

제4항 | 한글 자모의 수는 스물넉 자로 하고, 그 순서와 이름은 다음과 같이 정한다.

ㄱ(기역)	ㄴ(니은)	ㄷ(디귿)	ㄹ(리을)
ㅁ(미음)	ㅂ(비읍)	ㅅ(시옷)	ㅇ(이응)
ㅈ(지읒)	ㅊ(치읓)	ㅋ(키읔)	ㅌ(티읕)
ㅍ(피읖)	ㅎ(히읗)	ㅏ(아)	ㅑ(야)
ㅓ(어)	ㅕ(여)	ㅗ(오)	ㅛ(요)
ㅜ(우)	ㅠ(유)	ㅡ(으)	ㅣ(이)

붙임 1 위의 자모로써 적을 수 없는 소리는 두 개 이상의 자모를 어울러서 적되, 그 순서와 이름은 다음과 같이 정한다.

ㄲ(쌍기역)	ㄸ(쌍디귿)	ㅃ(쌍비읍)	ㅆ(쌍시옷)
ㅉ(쌍지읒)	ㅙ(왜)	ㅐ(애)	ㅒ(얘)
ㅔ(에)	ㅖ(예)	ㅘ(와)	ㅚ(외)
ㅝ(워)	ㅞ(웨)	ㅟ(위)	ㅢ(의)

붙임 2 사전에 올릴 적의 자모 순서는 다음과 같이 정한다.

자음: ㄱ ㄲ ㄴ ㄷ ㄸ ㄹ ㅁ ㅂ ㅃ ㅅ ㅆ ㅇ ㅈ ㅉ ㅊ ㅋ ㅌ ㅍ ㅎ

모음: ㅏ ㅐ ㅑ ㅒ ㅓ ㅔ ㅕ ㅖ ㅗ ㅘ ㅙ ㅚ ㅛ ㅜ ㅝ ㅞ ㅟ ㅠ ㅡ ㅢ ㅣ

붙임 3 받침 글자의 순서는 다음과 같다.

ㄱ ㄲ ㄳ ㄴ ㄵ ㄶ ㄷ ㄹ ㄺ ㄻ ㄼ ㄽ ㄾ ㄿ ㅀ ㅁ ㅂ ㅄ ㅅ ㅆ ㅇ ㅈ ㅊ ㅋ ㅌ ㅍ ㅎ

해설

자음 'ㄱ'은 동일하므로 첫음절의 모음 순서만 확인하면 되는데 'ㅚ, ㅛ, ㅜ, ㅟ' 순이므로 '괴롭다－교실－구름－귀엽다'는 맞는 배열이다.

오답풀이 ①은 '두다－뒤뜰－뒤켠－따뜻하다'
②는 '냠냠－넘기다－네모－늴리리'
③은 '앳되다－얇다－에누리－여름'과 같이 배열되어야 맞다. ▶④

혜선T만의 Only One 출좋포 2 | 제2항 초성 배열 순서

1. ❶ ________ 소리가 ❷ ________ 소리보다 일찍 온다.
2. ❸ ____________ 의 된소리가 바로 뒤에 온 후 다음 자음으로 이동된다.

혜선T만의 Only One 출좋포 3 | 제3항 중성 배열 순서

1. ❹ ________ 모음이 먼저 온다.
2. ❺ ____________ : ❻ ________ 가 붙는 경우
3. ❼ ______ : ㅏ, ㅐ, ㅣ가 붙는 경우
   ❽ ______ : ㅓ, ㅔ, ㅣ가 붙는 경우

혜선T만의 Only One 출좋포 4 | 제3항 종성 배열 순서

제4항 | 겹자음 중에서 ❾ ______ 자음, ❿ ______ 자음 순으로 배열된다.

제3장 소리에 관한 것

제1절 된소리

제5항 | 한 단어 안에서 뚜렷한 까닭 없이 나는 된소리는 다음 음절의 첫소리를 된소리로 적는다.

≫ 이 조항에서 '한 단어'는 '한 형태소로 이루어진 단어'를 의미하는 것으로 풀이할 수 있다. 따라서 복합어인 '눈곱[눈꼽], 발바닥[발빠닥], 잠자리[잠짜리]'와 같은 표기는 이 조항의 적용을 받지 않는다.

1. 두 모음 사이에서 나는 된소리

소쩍새	어깨	오빠	으뜸
아끼다	기쁘다	깨끗하다	어떠하다
해쓱하다	가끔	거꾸로	부썩
어찌	이따금		

된소리로 나는 근거
안울림소리+안울림소리인 경우에는 예외없이 된소리로 발음된다.

정답
❶ 된 ❷ 거센 ❸ 같은 계열
❹ 오리지널 ❺ ㅏ, ㅑ, ㅓ, ㅕ
❻ ㅣ ❼ ㅗ ❽ ㅜ
❾ 앞 ❿ 뒤

2. 'ㄴ, ㄹ, ㅁ, ㅇ' 받침 뒤에서 나는 된소리

산뜻하다	잔뜩	살짝	훨씬
담뿍	움찔	몽땅	엉뚱하다

다만, 'ㄱ, ㅂ' 받침 뒤에서 나는 된소리는, 같은 음절이나 비슷한 음절이 겹쳐 나는 경우가 아니면 된소리로 적지 아니한다.

국수	깍두기	딱지	색시
싹둑(~싹둑)	법석	갑자기	몹시

혜선T만의 Only One 출좋포 5 | 제5항

한 형태소 내부에서 '❶ ______, ❷ ______' 뒤의 예사소리는 뚜렷한 까닭이 있으므로 굳이 된소리를 표기에 반영할 필요가 없다.

제6절 겹쳐 나는 소리

제13항 | 한 단어 안에서 같은 음절이나 비슷한 음절이 겹쳐 나는 부분은 같은 글자로 적는다.

딱딱	쌕쌕
씩씩	똑딱똑딱
쓱싹쓱싹	연연불망(戀戀不忘)
꼿꼿하다	놀놀하다+
유유상종(類類相從)	누누이(屢屢-)
싹싹하다	쌉쌀하다
눅눅하다	밋밋하다
씁쓸하다	짭짤하다

+ 놀놀하다 : 털이나 풀 따위의 빛깔이 노르스름하다. / 만만하며 보잘것없다.

혜선T만의 Only One 출좋포 6 | 제13항

'ㄱ, ㅂ' 받침 뒤라고 하더라도 ❸ ______________ 인 경우에는 ❹ ________ 로 같은 글자로 적는다.

❶ ㄱ ❷ ㅂ
❸ 비슷한 음절 ❹ 된소리

[Q1] 올바른 표기에 ○표 하시오.

❶ 국수, 국쑤	❷ 깍두기, 깎두기, 깍뚜기	❸ 닥달, 닦딸, 닥딸, 닦달
❹ 언듯, 언뜻	❺ 법석, 법썩	❻ 딱지, 딱찌
❼ 선듯, 선뜻	❽ 싹둑, 싹뚝	❾ 잔득, 잔뜩
❿ 씁슬하다, 씁쓸하다	⓫ 쌉살하다, 쌉쌀하다	⓬ 쓱싹쓱싹, 쓱삭쓱삭
⓭ 몽땅연필, 몽당연필	⓮ 몽당, 몽땅	⓯ 부석, 부썩
⓰ 낙지, 낚지, 낙찌	⓱ 해슥하다, 해쓱하다, 핼쑥하다	⓲ 이따금, 잇다금
⓳ 몹시, 몹씨	⓴ 숫제, 숫쩨, 수쩨	㉑ 깜박하다, 깜빡하다

제3절 'ㄷ' 소리 받침

제7항 | 'ㄷ' 소리로 나는 받침 중에서 'ㄷ'으로 적을 근거가 없는 것은 'ㅅ'으로 적는다.

덧저고리	돗자리	엇셈+	웃어른
핫옷+	무릇	사뭇	얼핏
자칫하면	뭇[衆]	옛	첫
헛			

+ 엇셈: 서로 주고받을 것을 비겨 없애는 셈
+ 핫옷: 안에 솜을 두어 지은 옷

혜선T만의 Only One 출좋포 7 | 제7항 'ㄷ'으로 적을 근거란?

1. 본래 단어에 'ㄷ' 받침이 있는 경우
   예 곧잘, 걷잡다(거두잡다), 낟가리, 돋보다(도두보다), 딛다(디디다), 얻다가(어디에다가)

2. 호전 현상: 받침 'ㄹ'이 변천에 의해 'ㄷ'으로 바뀐 경우
   예 숟가락(술가락), 이튿날(이틀날), 섣부르다(설부르다), 섣달(설달)

정답

❶ 국수 ❷ 깍두기 ❸ 닦달
❹ 언뜻 ❺ 법석 ❻ 딱지
❼ 선뜻 ❽ 싹둑 ❾ 잔뜩
❿ 씁쓸하다 ⓫ 쌉쌀하다
⓬ 쓱싹쓱싹 ⓭ 몽당연필
⓮ 몽땅 ⓯ 부썩 ⓰ 낙지
⓱ 해쓱하다, 핼쑥하다
⓲ 이따금 ⓳ 몹시 ⓴ 숫제
㉑ 깜박하다, 깜빡하다

제4절 모 음

제8항 | '계, 례, 몌, 폐, 혜'의 'ㅖ'는 'ㅔ'로 소리 나는 경우가 있더라도 'ㅖ'로 적는다. → 표의주의

계수(桂樹)	사례(謝禮)	연몌(連袂)+
폐품(廢品)	혜택(惠澤)	계집
핑계	계시다	

+ 연몌(連袂): 행동을 같이 함.

다만, 다음 말은 본음대로 적는다.

게송(偈頌)+	게시판(揭示板)	휴게실(休憩室)

+ 게송(偈頌): 부처의 공덕을 기린, 게구(偈句)로 된 노래

≫ '계, 례, 몌, 폐, 혜'는 현실에서 [게, 레, 메, 페, 헤]로 발음되는 일이 있다. 그렇지만 발음이 변화한 것과는 달리 표기는 여전히 'ㅖ'로 굳어져 있으므로 'ㅖ'로 적는다. 다만, 한자 '偈, 揭, 憩'는 본음이 [게]이므로 'ㅔ'로 적는다. 따라서 '게구(偈句), 게제(偈諦), 게기(揭記), 게방(揭榜), 게양(揭揚), 게재(揭載), 게판(揭板), 게류(憩流), 게식(憩息), 게휴(憩休)' 등도 '게'로 적는다.

혜선T만의 Only One 출좋포 8 | 제8항

제8항에서 '❶ ________'는 삭제되어야 한다.

❶ 례

[Q2] 올바른 표기에 ○표 하시오.

❶ 국기 계양, 국기게양	❷ 핑계, 핑게	❸ 연몌, 연메
❹ 휴계실, 휴게실	❺ 게기, 계기	❻ 늴리리, 닐리리

❶ 국기게양 ❷ 핑계 ❸ 연몌
❹ 휴게실 ❺ 계기 ❻ 늴리리

제9항 | '의'나, 자음을 첫소리로 가지고 있는 음절의 'ㅢ'는 'ㅣ'로 소리 나는 경우가 있더라도 'ㅢ'로 적는다. → 표의주의

의의(意義)	본의(本義)	무늬[紋]	보늬+
오늬+	하늬바람+	늴리리	닁큼+
띄어쓰기	씌어	틔어	희망(希望)
희다	유희(遊戲)		

+ 보늬: 밤이나 도토리 따위의 속껍질
+ 오늬: 화살의 머리를 시위에 끼도록 에어 낸 부분
+ 하늬바람: 서쪽에서 부는 바람
+ 닁큼: 머뭇거리지 않고 단번에 빨리

[Q3] 맞춤법이 옳은 표기에는 ○표, 틀린 표기에는 ×표 하시오.

❶ 본의	○, ×	❷ 닐리리	○, ×	❸ 닝큼	○, ×
❹ 보늬	○, ×	❺ 하니바람	○, ×	❻ 띄어쓰기	○, ×

✎ 정답
❶ ○ ❷ × ❸ ×
❹ ○ ❺ × ❻ ○

제5절 두음 법칙

제10항 | 한자음 '녀, 뇨, 뉴, 니'가 단어 첫머리에 올 적에는 두음 법칙에 따라 '여, 요, 유, 이'로 적는다. → 표음주의

여자(女子)	연세(年歲)	요소(尿素)
유대(紐帶)	이토(泥土)	익명(匿名)

혜선T만의 Only One 출좋포 9 | 제10항 두음 법칙

머리음 'ㄴ' 뒤에 ❶ ____________가 있는 경우에는 'ㄴ'이 탈락된다.

다만, 다음과 같은 의존 명사에서는 '냐, 녀' 음을 인정한다.

금 한 냥(兩)　　은 두 냥쭝(兩-)　　십 년(年)

혜선T만의 Only One 출좋포 10 | 제10항 다만 두음 법칙 적용 ×

의존 명사는 무조건 ❷ ____________를 가지므로 두음이라고 볼 수 없으므로 두음 법칙이 적용되지 않는다.

✎ 정답
❶ 'ㅣ'나 'ㅣ̆' ❷ 관형어

혜선T만의 Only One 출좋포 11 | '연도'와 '년도'의 차이

1. 연도(年度) : 「명사」 사무나 회계 결산 따위의 처리를 위하여 편의상 구분한 일 년 동안의 기간. 또는 앞의 말에 해당하는 그 해
   예 졸업 연도, 회계 연도
2. 년도(年度) : 「의존 명사」 (해를 뜻하는 말 뒤에 쓰여) 일정한 기간 단위로서의 그해
   예 1985년도 출생자, 1970년도 졸업식

붙임 1 단어의 첫머리 이외의 경우에는 본음대로 적는다.

남녀(男女) 당뇨(糖尿) 결뉴(結紐)+ 은닉(隱匿)

» 단어의 첫머리가 아닌 경우에는 두음 법칙이 적용되지 않으므로 본음대로 적는 것이다.
예 소녀(少女), 만년(晩年), 배뇨(排尿), 비구니(比丘尼), 운니(雲泥), 탐닉(耽溺)

+ 결뉴 : 끈을 맴. 또는 얽어 맺음.

붙임 2 접두사처럼 쓰이는 한자가 붙어서 된 말이나 합성어에서, 뒷말의 첫소리가 'ㄴ' 소리로 나더라도 두음 법칙에 따라 적는다.

신-여성(新女性) 공-염불(空念佛)+ 남존-여비(男尊女卑)

+ 공염불(空念佛) : 신심이 없이 입으로만 외는 헛된 염불 / 실천이나 내용이 따르지 않는 주장이나 말을 비유적으로 이르는 말

한편 '신년도, 구년도' 등은 '신년-도, 구년-도'로 분석되는 구조이므로 이 규정이 적용되지 않는다.

붙임 3 둘 이상의 단어로 이루어진 고유 명사를 붙여 쓰는 경우에도 붙임 2에 준하여 적는다.

한국여자대학 대한요소비료회사

혜선T만의 Only One 출좋포 12 | 제10항 붙임 2, 3

❶ __________, ❷ __________가 되는 경우에는 두음법칙이 적용된 채로 붙는다.

❶ 파생어 ❷ 합성어

[Q4] 올바른 표기에 ○표 하시오.

❶ 익명(匿名), 닉명(匿名)	❷ 결뉴(結紐), 결유(結紐)
❸ 신여성(新女性), 신녀성(新女性)	❹ 공염불(空念佛), 공념불(空念佛)
❺ 은익(隱匿), 은닉(隱匿)	❻ 몇 년대, 몇 연대
❼ 년대, 연대	❽ 년 1회, 연 1회
❾ 남존녀비(男尊女卑), 남존여비(男尊女卑)	❿ 남부녀대(男負女戴), 남부여대(男負女戴)
⓫ 신년도(新年度), 신연도(新年度)	⓬ 구년도(舊年度), 구연도(舊年度)
⓭ 은 두 냥쭝(兩一), 은 두 양쭝(兩一)	⓮ 연 강수량, 년 강수량
⓯ 생산 연도(年度), 생산 년도(年度)	⓰ 2022년도(年度), 2022연도(年度)

제11항 | 한자음 '랴, 려, 례, 료, 류, 리'가 단어의 첫머리에 올 적에는 두음 법칙에 따라 '야, 여, 예, 요, 유, 이'로 적는다.
→ 표음주의

양심(良心)	역사(歷史)	예의(禮儀)
용궁(龍宮)	유행(流行)	이발(理髮)

혜선T만의 Only One 출좋포 13 | 제13항 두음 법칙

머리음 'ㄹ' 뒤에 ❶ ________가 있는 경우에는 'ㄹ'이 탈락된다.

다만, 다음과 같은 의존 명사는 본음대로 적는다.

리(里) : 몇 리냐?　　　리(理) : 그럴 리가 없다.

혜선T만의 Only One 출좋포 14 | 제11항 다만 두음 법칙 적용 ×

의존명사는 무조건 ❷ ________를 가지므로 두음이라고 볼 수 없으므로 두음 법칙이 적용되지 않는다.

정답

❶ 익명 ❷ 결뉴 ❸ 신여성 ❹ 공염불 ❺ 은닉 ❻ 몇 년대 ❼ 연대 ❽ 연 1회 ❾ 남존여비 ❿ 남부여대 ⓫ 신년도 ⓬ 구년도 ⓭ 은 두 냥쭝 ⓮ 연 강수량 ⓯ 생산 연도 ⓰ 2022년도

정답

❶ 'ㅣ'나 'ǐ' ❷ 관형어

붙임 1 단어의 첫머리 이외에는 본음대로 적는다.

개량(改良)	선량(善良)	수력(水力)	협력(協力)
사례(謝禮)	혼례(婚禮)	와룡(臥龍)	쌍룡(雙龍)
하류(下流)	급류(急流)	도리(道理)	진리(眞理)

붙임 2 외자로 된 이름을 성에 붙여 쓸 경우에도 본음대로 적을 수 있다.

원칙 : 신입(申砬) 최인(崔麟) 채윤(蔡倫) 하윤(河崙)
허용 : 신립(申砬) 최린(崔麟) 채륜(蔡倫) 하륜(河崙)

혜선T만의 Only One 출좋포 15 | 제11항 붙임 2

1. 이름은 일반적으로 두음 법칙이 적용이 된 채로 붙는다.
2. 외자인 경우에는 두음 법칙이 적용되지만 ❶ ________으로 적는 것을 허용한다. (단. 외자가 아니면 1만 가능하다.)
   두 글자 이름인 경우에는 본음대로 적지 못하고, 두음 법칙이 꼭 일어나야 한다.
   예 박린수(朴潾首)(×), 김례진(金禮進)(×)

붙임 3 준말에서 본음으로 소리 나는 것은 본음대로 적는다.

국련(국제 연합)　　한시련(한국 시각 장애인 연합회)

붙임 4 접두사처럼 쓰이는 한자가 붙어서 된 말이나 합성어에서 뒷말의 첫소리가 'ㄴ' 또는 'ㄹ' 소리로 나더라도 두음 법칙에 따라 적는다.

역-이용(逆利用)　연-이율(年利率)　열-역학(熱力學)

혜선T만의 Only One 출좋포 16 | 제11항 붙임 4

❷ ________, ❸ ________가 되는 경우에는 두음 법칙이 적용된 채로 붙는다.

» 두음 법칙이 적용되지 않은 채로 이미 굳어진 단어 : 미-립자(微粒子), 소-립자(素粒子), 수-류탄(手榴彈), 파-렴치(破廉恥)

정답

❶ 본음
❷ 파생어 ❸ 합성어

붙임 5 둘 이상의 단어로 이루어진 고유 명사를 붙여 쓰는 경우나 십진법에 따라 쓰는 수(數)에 준하여 적는다.

서울여관　　　신흥이발관
육천육백육십육(六千六百六十六)

다만, '오륙도(五六島), 육륙봉(六六峰)' 등은 '오/육, 육/육'처럼 두 단어로 갈라지는 구조가 아니므로, 본음대로 적는다.

[Q5] 맞춤법이 옳은 표기에는 ○, 틀린 표기에는 ×표 하시오.

❶ 오십 량(輛)	○, ×	❷ 오육도(五六島)	○, ×
❸ 몇 리	○, ×	❹ 쌍용(雙龍)	○, ×
❺ 2푼 5리(厘)	○, ×	❻ 전률(戰慄)	○, ×
❼ 국연(국제 연합)	○, ×	❽ 역리용(逆利用)	○, ×
❾ 열력학(熱力學)	○, ×	❿ 채윤(蔡倫)	○, ×
⓫ 채륜(蔡倫)	○, ×	⓬ 김립(金笠)	○, ×
⓭ 최인(崔麟)	○, ×	⓮ 백분률(百分率)	○, ×
⓯ 내재률(內在律)	○, ×	⓰ 선렬(先烈)	○, ×
⓱ 선률(旋律)	○, ×	⓲ 정형율(定形律)	○, ×
⓳ 구름-량(量)	○, ×	⓴ 허파숨-량(量)	○, ×
㉑ 벡터(vector)-양(量)	○, ×	㉒ 가시-연(蓮)	○, ×
㉓ 육륙봉(六六峰)	○, ×	㉔ 초과량(超過量)	○, ×
㉕ 박린수(朴潾首)	○, ×	㉖ 김예진(金禮進)	○, ×

정답

❶ ○ ❷ × ❸ ○ ❹ ×
❺ ○ ❻ × ❼ × ❽ ×
❾ × ❿ ○ ⓫ ○ ⓬ ○
⓭ ○ ⓮ × ⓯ × ⓰ ×
⓱ × ⓲ × ⓳ × ⓴ ×
㉑ ○ ㉒ ○ ㉓ ○ ㉔ ○
㉕ × ㉖ ○

제12항 | 한자음 '라, 래, 로, 뢰, 루, 르'가 단어의 첫머리에 올 적에는 두음 법칙에 따라 '나, 내, 노, 뇌, 누, 느'로 적는다.
→ 표음주의

낙원(樂園)　　내일(來日)　　노인(老人)
뇌성(雷聲)　　누각(樓閣)　　능묘(陵墓)

혜선T만의 Only One 출좋포 17 | 제12항 두음법칙

머리음 'ㄹ' 뒤에 ❶ ______________이 있는 경우에는 '❷ ________'이 '❸ ________'으로 교체된다.

정답

❶ 단모음('ㅣ' 제외) ❷ ㄹ
❸ ㄴ

붙임 1 단어의 첫머리 이외의 경우에는 본음대로 적는다.

쾌락(快樂)	극락(極樂)	거래(去來)
왕래(往來)	부로(父老)+	연로(年老)
지뢰(地雷)	낙뢰(落雷)	고루(高樓)
광한루(廣寒樓)	가정란(家庭欄)	동구릉(東九陵)
강릉(江陵)	태릉(泰陵)	서오릉(西五陵)
공란(空欄)	답란(答欄)	투고란(投稿欄)

붙임 2 접두사처럼 쓰이는 한자가 붙어서 된 단어는 뒷말을 두음 법칙에 따라 적는다.

내-내월(來來月)+	상-노인(上老人)+
중-노동(重勞動)	비-논리적(非論理的)
실-낙원(失樂園)+	

≫ 단, '高冷地'는 '고냉지'가 아닌 '고랭지'로 적는다. 발음이 [고랭지]이고 '고랭-지'로 분석되기 때문이다.

혜선T만의 Only One 출좋포 18 | 제12항 붙임 2

❶ ________가 되는 경우에는 두음법칙이 적용된 채로 붙는다.

최빈출 亦攻기출

다음 중 밑줄 친 한자어의 한글 표기가 옳은 것은?

2017. 국회직 8급

① 이 요리는 잡지 가정난(家庭欄)에 있는 요리법을 따라 해 본 거야.
② 밀턴의 ≪실락원(失樂園)≫은 기독교적인 이상주의와 청교도적인 세계관을 반영하고 있다.
③ 지방요(脂肪尿)는 지방 성분이 섞인 오줌을 말한다.
④ 봉선이가 이불을 개어 장농(欌籠) 속에 넣고 걸레로 방바닥을 훔치며 물었다.
⑤ 고려 말기, 조선 초기의 문신인 하윤(河崙)은 ≪태조실록≫의 편찬을 지휘하였다.

+ 부로(父老): 한 동네에서 나이가 많은 어른을 높여 이르는 말

+ 내내월(來來月): 내달(=이달의 다음 달)의 다음 달

+ 상노인(上老人): 여러 노인 가운데 가장 나이가 많은 사람. 상늙은이

+ 실낙원(失樂園): 아담과 이브가 지옥을 탈출한 사탄에게 유혹되어 원죄를 짓고 낙원에서 추방되었다가 그리스도의 속죄에 희망을 거는 모습을 그린 작품

정답

❶ 파생어

해설

외자로 된 이름을 성에 붙여 쓸 경우에는 본음대로 적을 수 있다(한글 맞춤법 제11항, [붙임 2]). 따라서 '하윤(○), 하륜(○)' 모두 적절한 표기이다.

오답풀이 ① '家庭欄'은 '한자어+란(欄)'의 구성이므로 두음 법칙이 적용되지 않아 '가정난'이 아니라 '가정란'이 옳다.
② '失樂園'는 접두사처럼 쓰이는 한자 '실(失)'이 붙은 것이므로 두음 법칙이 적용되어 '실낙원'이 된다.
③ '脂肪尿'는 '한자어+뇨(尿)'의 구성이므로 두음 법칙이 적용되지 않아 '지방요'가 아니라 '지방뇨'가 옳다.
④ '欌籠'은 '한자어+롱(籠)'의 구성이므로 두음 법칙이 적용되지 않아 '장농'이 아니라 '장롱'이 옳다.

▶⑤

[Q6] 맞춤법이 옳은 표기에는 ○표, 틀린 표기에는 ×표 하시오.

❶ 낙원(樂園)	○, ×	❷ 능묘(陵墓)	○, ×
❸ 동구능(東九陵)	○, ×	❹ 아기능(陵)	○, ×
❺ 공난(空欄)	○, ×	❻ 서오릉(西五陵)	○, ×
❼ 극락(極樂)	○, ×	❽ 실-락원(失樂園)	○, ×
❾ 어머니-난	○, ×	❿ 반-라체(半裸體)	○, ×
⓫ 고랭지	○, ×	⓬ 사상-루각 (沙上樓閣)	○, ×
⓭ 어린이-난	○, ×	⓮ 태능(泰陵)	○, ×
⓯ 내-래월(來來月)	○, ×		

혜선T만의 Only One 출좋포 19 I '모난 유희열'과 '양[量] / 난[欄] / 능[陵]'

음운론적 환경	모음, 'ㄴ' 받침	열/율 (列/率)	예 나열, 분열, 실패율, 백분율
	'ㄴ'을 제외한 받침	렬/률 (列/率)	예 행렬, 직렬, 합격률, 체지방률
어휘론적 환경	고유어, 외래어	양/난/능 (量/欄)/陵)	예 구름양, 허파숨양, 먹이양, 벡터양, 에너지양, 어머니난, 가십난, 어린이난, 아기능
	한자어	량/란/릉 (量/欄)/陵)	예 운행(運行)량, 수출(輸出)량 공(空)란, 투고(投稿)란, 동구(東九)릉, 서오(西五)릉

❶ ○ ❷ ○ ❸ × ❹ ○
❺ × ❻ ○ ❼ ○ ❽ ×
❾ ○ ❿ × ⓫ ○ ⓬ ×
⓭ ○ ⓮ × ⓯ ×

제4장 형태에 관한 것

제1절 체언과 조사

제14항 | 체언은 조사와 구별하여 적는다. → 표의주의

떡이	떡을	떡에	떡도	떡만
손이	손을	팔이	팔을	팔에
삶을	삶에	삶도	삶만	값이
값을	곬이	곬을	곬에	곬도
곬만	여덟이	여덟을		

제2절 어간과 어미

제15항 | 용언의 어간과 어미는 구별하여 적는다. → 표의주의

먹다	먹고	먹어	먹으니
신다	신고	신어	신으니
믿다	믿고	믿어	믿으니
젊다	젊고	젊어	젊으니
넓다	넓고	넓어	넓으니
훑다	훑고	훑어	훑으니

붙임 1 두 개의 용언이 어울려 한 개의 용언이 될 적에, 앞말의 본뜻이 유지되고 있는 것은 그 원형을 밝히어 적고, 그 본뜻에서 멀어진 것은 밝히어 적지 아니한다.

2. 본뜻에서 멀어진 것

드러나다	사라지다	쓰러지다
나타나다	바라지다[坼]	부서지다[碎]
배라먹다[乞食]	불거지다[凸]	자빠지다[沛]
부러지다[折]		

붙임 2 종결형에서 사용되는 어미 '-오'는 '요'로 소리 나는 경우가 있더라도 그 원형을 밝혀 '오'로 적는다.

이것은 책이오. 이리로 오시오.
이것은 책이 아니오.

붙임 3 연결형에서 사용되는 '이요'는 '이요'로 적는다.

이것은 책이요, 저것은 붓이요, 또 저것은 먹이다.

종결형 '-오'와 '-요'
종결형 '-오'는 '하오체'
종결형 '-요'는 '해요체'이다.
예 이리로 오시요.(×)
예 당신을 사랑해오.(×)

→ 구분 방법은, 해당 문장의 '-오', '-요'를 빼보는 것이다. 자연스러우면 '-요'가 옳고, 말이 안 되면 '-오'를 쓰는 것이 옳다.

[Q7] 맞춤법이 옳은 표기에는 ○표, 틀린 표기에는 ×표 하시오.

❶ 이것은 책이오.	○, ×
❷ 이것은 책이 아니요.	○, ×
❸ 저기로 가시오.	○, ×
❹ 이것은 책이요, 저것은 붓이요.	○, ×
❺ 이것은 책이 아니오, 저것은 붓이오.	○, ×

제17항 | 어미 뒤에 덧붙는 조사 '요'는 '요'로 적는다.

읽어 → 읽어요 참으리 → 참으리요
좋지 → 좋지요

혜선T만의 Only One 출좋포 20 | -리요 VS -리오

-리요 = ❶ ______
예 이제 고향에 돌아가리요. 우리는 이곳을 지키리요.

-리오 = ❷ ______ ('하오'체의 의문형 어미)
예 가는 세월을 어찌 막으리오. 모두 행복하다면 얼마나 좋으리오.

정답
❶ ○ ❷ × ❸ ○ ❹ ×
❺ ×

정답
❶ -하겠다 ❷ -하겠는가

제18항 | 다음과 같은 용언들은 어미가 바뀔 경우, 그 어간이나 어미가 원칙에 벗어나면 벗어나는 대로 적는다.

혜선T만의 Only One 출좋포 21 | 'ㅎ' 불규칙 용언의 활용형

1. '그렇다, 노랗다, 동그랗다, 뿌옇다, 어떻다, 조그맣다, 커다랗다' 등등 모든 'ㅎ' 불규칙 용언은 '-네'와 결합할 때 'ㅎ'이 탈락한 형태와 탈락하지 않은 형태 모두 인정한다.
   예 개나리가 노랗네/노라네.
   얼굴이 커다랗네/커다라네.
   좀 그렇네/그러네.

2. 단, 연결형의 경우에는 'ㅎ'이 탈락한 활용형만 인정한다.
   예 은행잎이 노라니 가을의 분위기가 산다.
   하늘이 파라니 공기도 좋다.

모음 조화에 따른 'ㅎ' 불규칙 용언의 활용 양상
'파랗-+-아'='파래'
'퍼렇-+-어'가 결합하면 '퍼레'

제3절 접미사가 붙어서 된 말

제19항 | 어간에 '-이'나 '-음/-ㅁ'이 붙어서 명사로 된 것과 '-이'나 '-히'가 붙어서 부사로 된 것은 그 어간의 원형을 밝히어 적는다.

1. '-이'가 붙어서 명사로 된 것

땀받이	달맞이	먹이	미닫이
벌이	벼훑이+	살림살이	쇠붙이

+ 벼훑이: 두 개의 나뭇가지나 수숫대 또는 댓가지의 한끝을 동여매어 집게처럼 만들고 그 틈에 벼 이삭을 넣고 벼의 알을 훑는 농기구

2. '-음/-ㅁ'이 붙어서 명사로 된 것

걸음	묶음	믿음	얼음
엮음	울음	웃음	졸음
죽음	앎		

3. '-이'가 붙어서 부사로 된 것

같이	굳이	길이	높이
많이	실없이	좋이	짓궂이

4. '-히'가 붙어서 부사로 된 것

밝히	익히	작히

다만, 어간에 '-이'나 '-음'이 붙어서 명사로 바뀐 것이라도 그 어간의 뜻과 멀어진 것은 원형을 밝히어 적지 아니한다.

굽도리+	다리[髢]+	목거리(목병)+
무녀리+	코끼리	거름(비료)
고름[膿]	노름(도박)	

+ 굽도리: 방 안의 벽의 밑부분
+ 다리[髢]: 여자의 머리숱이 많아 보이라고 덧넣었던 딴머리
+ 목거리: 목이 붓고 아픈 병
+ 무녀리: 한 태에 낳은 여러 마리 새끼 가운데 가장 먼저 나온 새끼 / 말이나 행동이 좀 모자란 듯이 보이는 사람을 비유적으로 이르는 말

혜선T만의 Only One 출좋포 22 | 제19항

1. 어간(=❶ ________, ❷ ________) + '-이, -음/-ㅁ'(=명사화 접미사)=파생 명사
2. 어간(=❶ ________, ❷ ________) + '-이, -히'(=부사화 접미사) = 파생 부사

다만, 어간의 뜻과 멀어진 것은 원형을 밝히지 않는다.

붙 임 어간에 '-이'나 '-음' 이외의 모음으로 시작된 접미사가 붙어서 다른 품사로 바뀐 것은 그 어간의 원형을 밝히어 적지 아니한다.

1. 명사로 바뀐 것

귀머거리	까마귀	너머	뜨더귀+
마감	마개	마중	무덤
비렁뱅이	쓰레기	올가미	주검

+ 뜨더귀: 조각조각으로 뜯어내거나 가리가리 찢어 내는 짓 또는 그 조각

2. 부사로 바뀐 것

거뭇거뭇	너무	도로	뜨덤뜨덤+
바투	불긋불긋	비로소	오긋오긋
자주	차마		

+ 뜨덤뜨덤: 글을 서투르게 자꾸 읽는 모양 / 말을 느리게 한마디씩 더니거나 더듬거리며 자꾸 말하는 모양

3. 조사로 바뀌어 뜻이 달라진 것

나마	부터	조차

정답

❶ 동사 ❷ 형용사

혜선T만의 Only One 출좋포 23 | 제19항 붙임

'-이'나 '-음' 이외의 모음으로 시작된 접미사
즉, ❶ ________ 접미사는 쓰임이 적으므로 원형을 밝히지 않는다.

제20항 | 명사 뒤에 '-이'가 붙어서 된 말은 그 명사의 원형을 밝히어 적는다.

1. 부사로 된 것

곳곳이	낱낱이	몫몫이
샅샅이	앞앞이	집집이

2. 명사로 된 것

곰배팔이+	바둑이	삼발이
애꾸눈이	육손이	절뚝발이/절름발이

+ 곰배팔이: 팔이 꼬부라져 붙어 펴지 못하거나 팔뚝이 없는 사람을 낮잡아 이르는 말

붙 임 '-이' 이외의 모음으로 시작된 접미사가 붙어서 된 말은 그 명사의 원형을 밝히어 적지 아니한다.

꼬락서니	끄트머리	모가치+	바가지
바깥	사타구니	싸라기	이파리
지붕	지푸라기	짜개+	

+ 모가치: 몫으로 돌아오는 물건

+ 짜개: 콩·팥 따위를 둘로 쪼갠 한쪽 / 낚시에서, 들깻묵을 네모꼴로 잘라 실로 묶어 쓰는 미끼

+ 반빗아치: 예전에, 반찬을 만드는 일을 맡아 하던 여자 하인

다만, '모가치, 값어치, 벼슬아치, 반빗아치+'는 예외적인 형식을 취한 것으로, 이는 관용에 따른 것이다.

❶ 비생산적

제21항 | 명사나 혹은 용언의 어간 뒤에 자음으로 시작된 접미사가 붙어서 된 말은 그 명사나 어간의 원형을 밝히어 적는다.

다만, 다음과 같은 말은 소리대로 적는다.

(1) **겹받침의 끝소리가 드러나지 아니하는 것**

할짝거리다	널찍하다	널따랗다
말끔하다	말쑥하다	말짱하다
실쭉하다+	실큼하다+	얄따랗다
얄팍하다	짤막하다	실컷

(2) **어원이 분명하지 아니하거나 본뜻에서 멀어진 것**

넙치	올무+	골막하다+
납작하다		

+ **실쭉하다**: 마음에 차지 아니하여서 약간 고까워하는 데가 있다.
+ **실큼하다**: 싫은 생각이 있다.
+ **올무**: 새나 짐승을 잡기 위하여 만든 올가미 / 제철보다 일찍 되는 무
+ **골막하다**: 담긴 것이 가득 차지 아니하고 조금 모자라는 듯하다.

[Q8] 올바른 표기에 ○표 하시오.

❶ 핥짝거리다, 할짝거리다	❷ 넓다랗다, 널따랗다, 넙따랗다
❸ 얇다랗다, 얄따랗다, 얍따랗다	❹ 넓치, 넙치
❺ 넓적하다, 넙적하다	❻ 넓둥글다, 넙둥글다
❼ 넓죽하다, 널쭉하다, 넙쭉하다	

정답

❶ 할짝거리다 ❷ 널따랗다
❸ 얄따랗다 ❹ 넙치
❺ 넓적하다 ❻ 넓둥글다
❼ 넓죽하다

제23항 | '-하다'나 '-거리다'가 붙는 어근에 '-이'가 붙어서 명사가 된 것은 그 원형을 밝히어 적는다. (ㄱ을 취하고, ㄴ을 버림.)

ㄱ(취함)	ㄴ(버림)	ㄱ(취함)	ㄴ(버림)
깔쭉이	깔쭈기	쌕쌕이	쌕쌔기
오뚝이	오뚜기	더펄이+	더퍼리
배불뚝이	배불뚜기		

+ **더펄이**: 성미가 침착하지 못하고 덜렁대는 사람 / 성미가 스스럼이 없고 붙임성이 있어 꽁하지 않는 사람

붙임 '-하다'나 '-거리다'가 붙을 수 없는 어근에 '-이'나 또는 다른 모음으로 시작되는 접미사가 붙어서 명사가 된 것은 그 원형을 밝히어 적지 아니한다.

깍두기 두드러기 딱따구리 부스러기
빼꾸기 얼루기

[Q9] 올바른 표기에 ○표 하시오.

❶ 얼룩이, 얼루기	❷ 칼싹둑이, 칼싹두기
❸ 제트기 : 싹싹이, 싹쌔기	❹ 더펄이, 더퍼리
❺ 오뚝이, 오뚜기	❻ 믿브다, 미쁘다
❼ 믿업다, 미덥다	❽ 젖뜨리다, 젖트리다

제24항 | '-거리다'가 붙을 수 있는 시늉말 어근에 '-이다'가 붙어서 된 용언은 그 어근을 밝히어 적는다.(ㄱ을 취하고, ㄴ을 버림.)

ㄱ(취함)	ㄴ(버림)	ㄱ(취함)	ㄴ(버림)
숙덕이다	숙더기다	★뒤척이다	뒤처기다
허덕이다	허더기다		

» 국어에서 '-거리다'가 붙는 어근에는 '-이다/-대다'가 붙을 수 있는 경우가 많다.

간질거리다 간질대다 간질이다
뒤적거리다 뒤적대다 뒤적이다

정답

❶ 얼루기 ❷ 칼싹두기
❸ 싹싹이 ❹ 더펄이 ❺ 오뚝이
❻ 미쁘다 ❼ 미덥다
❽ 젖뜨리다, 젖트리다

제4절 합성어 및 접두사가 붙은 말

제27항 | 둘 이상의 단어가 어울리거나(→ 합성어) 접두사가 붙어서(→ 파생어) 이루어진 말은 각각 그 원형을 밝히어 적는다.

굶주리다	낮잡다	맞먹다	새파랗다
번놓다	빗나가다	빛나다	엇나가다
샛노랗다	시꺼멓다	싯누렇다	

붙임 1 어원은 분명하나 소리만 특이하게 변한 것은 변한 대로 적는다.

할아버지　　　　할아범

붙임 2 어원이 분명하지 아니한 것은 원형을 밝히어 적지 아니한다.

골병	골탕	끌탕+	며칠
아재비+	오라비	업신여기다	부리나케

+ 끌탕: 속을 태우는 걱정
+ 아재비: '아저씨'의 낮춤말

붙임 3 '이[齒, 虱]'가 합성어나 이에 준하는 말에서 '니' 또는 '리'로 소리 날 때에는 '니'로 적는다.

간니+	덧니	사랑니	송곳니
앞니	어금니	윗니	젖니+
톱니	틀니	가랑니+	머릿니

+ 간니: 젖니가 빠진 뒤에 나는 이
+ 젖니: 유아기에 사용한 뒤 갈게 되어 있는 이
+ 가랑니: 서캐에서 깨어 나온 지 얼마 안 되는 새끼 이. 배냇니

» '간이', '덧이', '송곳이'와 같이 적으면 [가:니], [더시], [송:고시]와 같이 발음하여 [간:니], [던니], [송:곤니]의 발음이 제대로 구사되지 않을 우려가 있어서이다. 그런 까닭에 단독으로 쓰일 때는 '이'로 적지만 합성어나 이에 준한 말에서는 '간니, 덧니, 틀니', '가랑니, 머릿니' 등과 같이 적는다.

[Q10] 올바른 표기에 ○표 하시오.

❶ 골병, 곯병	❷ 송곳이, 송곳니
❸ 싫증, 실증	❹ 오라비, 오래비
❺ 불이나게, 부리나케	❻ 꺽꽂이, 꺾꽂이
❼ 며칠, 몇 일	❽ 싯노랗다, 샛노랗다
❾ 시허옇다, 시하얗다	❿ 시퍼레, 시퍼래

정답
❶ 골병 ❷ 송곳니 ❸ 싫증
❹ 오라비 ❺ 부리나케
❻ 꺾꽂이 ❼ 며칠 ❽ 샛노랗다
❾ 시허옇다 ❿ 시퍼레

제28항 | 끝소리가 'ㄹ'인 말과 딴 말이 어울릴 적에 'ㄹ' 소리가 나지 아니하는 것은 아니 나는 대로 적는다.

다달이(달-달-이) 따님(딸-님)
마되(말-되) 마소(말-소)
무자위(물-자위)+ 바느질(바늘-질)
부삽(불-삽) 부손(불-손)+
싸전(쌀-전) 여닫이(열-닫이)
우짖다(울-짖다) 화살(활-살)

제29항 | 끝소리가 'ㄹ'인 말과 딴 말이 어울릴 적에 'ㄹ' 소리가 'ㄷ' 소리로 나는 것은 'ㄷ'으로 적는다.

반짇고리(바느질~) 사흗날(사흘~)
삼짇날(삼질~)+ 섣달(설~)+
숟가락(술~) 이튿날(이틀~)
잗주름(잘~)+ 푿소(풀~)+
섣부르다(설~) 잗다듬다(잘~)+
잗다랗다(잘~)+

+ **무자위**: 물을 높은 곳으로 퍼 올리는 기계
+ **부손**: 화로에 꽂아 두고 쓰는 작은 부삽
+ **삼짇날**: 음력 삼월 초사흗날
+ **섣달**: 음력으로 한 해의 맨 끝 달
+ **잗주름**: 옷 따위에 잡은 잔주름
+ **푿소**: 여름에 생풀만 먹고 사는 소
+ **잗다듬다**: 잘고 곱게 다듬다.
+ **잗다랗다**: 꽤 잘다. / 아주 자질구레하다.

최빈출 亦攻기출

사이시옷 표기가 모두 옳지 않은 것은? 2019. 서울시 7급

① 붕엇빵 – 공붓벌레
② 마굿간 – 인삿말
③ 공깃밥 – 백짓장
④ 도맷값 – 머릿털

사이시옷은 15세기에 관형격의 기능이 있었다.
나랏 말씀(나라의 말씀)
부텻 말씀(부처의 말씀)

+ 고랫재: 방고래(방 구들장 밑으로 낸 고랑)에 모여 쌓여 있는 재
+ 귓밥(귓불): 귓바퀴의 아래쪽으로 늘어진 살
+ 뒷갈망: 일의 뒤끝을 맡아서 처리하는 일. 뒷감당
+ 머릿기름: 머리털에 바르는 기름
+ 볏가리: 벼를 베어서 가려 놓거나 볏단을 차곡차곡 쌓은 더미
+ 우렁잇속: 내용이 복잡하여 헤아리기 어려운 일을 비유적으로 이르는 말
+ 도리깻열: 도리깨의 한 부분. 곧고 가느다란 나뭇가지 두세 개로 만들며, 이 부분을 아래로 돌리어 곡식을 두드려 낟알을 떤다.

제30항 | 사이시옷은 다음과 같은 경우에 받치어 적는다.

1. 순우리말로 된 합성어로서 앞말이 모음으로 끝난 경우

(1) 뒷말의 첫소리가 된소리로 나는 것

고랫재+	귓밥+	나룻배	나뭇가지
냇가	댓가지	뒷갈망+	맷돌
머릿기름+	모깃불	못자리	바닷가
뱃길	볏가리+	부싯돌	선짓국
쇳조각	아랫집	우렁잇속+	잇자국
잿더미	조갯살	찻집	쳇바퀴
킷값	핏대	햇볕	혓바늘

(2) 뒷말의 첫소리 'ㄴ, ㅁ' 앞에서 'ㄴ' 소리가 덧나는 것

멧나물	아랫니	텃마당	아랫마을
뒷머리	잇몸	깻묵	냇물
빗물			

(3) 뒷말의 첫소리 모음 앞에서 'ㄴㄴ' 소리가 덧나는 것

도리깻열+	뒷윷	두렛일	뒷일
뒷입맛	베갯잇	욧잇	깻잎
나뭇잎	댓잎		

해설

마구간(○): 한자어 '마구(馬廐)'와 한자어 '간(間)'의 결합으로 사이시옷을 받쳐 적지 않는다.
인사말(○): [인사말]로 사잇소리 현상이 일어나지 않으므로 사이시옷을 표기하지 않는다.

오답풀이 ① 공붓벌레(○)
붕엇빵(×) → 붕어빵(○): 된소리나 거센소리 앞에서는 사이시옷을 쓰지 않는다.
③ 공깃밥(○)
백짓장(×) → 백지장(○): 한자어 '백지(白紙)'와 한자어 '장(張)'의 결합으로 이루어진 어휘이므로 사이시옷을 받쳐 적지 않는다.
④ 도맷값(○)
머릿털(×) → 머리털(○): 된소리나 거센소리 앞에서는 사이시옷을 쓰지 않으므로 '머리털'로 적는 것이 바르다. ▶②

2. 순우리말과 한자어로 된 합성어로서 앞말이 모음으로 끝난 경우

(1) 뒷말의 첫소리가 된소리로 나는 것

귓병(-病) 머릿방(-房)+ 뱃병(-病)
봇둑(洑-)+ 사잣밥(使者-)+ 샛강(-江)
아랫방(-房) 자릿세 (-貰) 전셋집(傳貰-)
찻잔(-盞) 찻종(-鍾)+ 촛국(醋-)+
콧병(-病) 탯줄(胎-) 텃세(-勢)
핏기(-氣) 햇수(-數) 횟가루(灰-)
횟배(蛔-) 푸줏간(-間) 고깃간(-間)

(2) 뒷말의 첫소리 'ㄴ, ㅁ' 앞에서 'ㄴ' 소리가 덧나는 것

곗날(-數) 제삿날(祭祀-) 훗날(後-)
툇마루(退-)

(3) 뒷말의 첫소리 모음 앞에서 'ㄴㄴ' 소리가 덧나는 것

가욋일(加外-)+ 사삿일(私私-)+ 예삿일(例事-)
훗일(後-)

3. 두 음절로 된 다음 한자어

툇간(退間) 곳간(庫間) 셋방(貰房) 찻간(車間)
횟수(回數) 숫자(數字)

+ 머릿방(-房) : 안방의 뒤에 달려 있는 방
+ 봇둑(洑-) : 보(흐르는 냇물을 가두어 놓은 곳)를 둘러쌓은 둑
+ 사잣밥(使者-) : 초상집에서 죽은 사람의 넋을 부를 때 저승사자에게 대접하는 밥
+ 찻종(-鍾) : 차를 따라 마시는 종지. 찻잔
+ 촛국(醋-) : 초를 친 냉국

+ 가욋일(加外-) : 필요 밖의 일
+ 사삿일(私私-) : 개인의 사사로운 일

혜선T만의 Only One 출좋포 24 | 제30항 사이시옷의 조건

1. 적어도 하나의 (❶)
모두 (❷)라면 사이시옷을 못 붙인다.
예 유리잔(琉璃盞), 소주잔(燒酒盞) 맥주잔(麥酒盞), 장미과(薔薇科), 화병(火病), 포도과(葡萄科), 초점(焦點), 전세방(傳貰房), 개수(個數), 마구간(馬廐間), 수라간(水刺間), 도매금(都賣金)

단, 한자 + 한자임에도 사이시옷이 붙는 예외 6가지가 있음
예 툇간(退間), 곳간(庫間), 셋방(貰房), 찻간(車間), 횟수(回數), 숫자(數字)

2. (❸)이 일어남.
(❸)이 일어나지 않으면 사이시옷을 못 붙인다.

사잇소리 현상은?
① ❹ ____________
② '❺ ______' 덧남
③ '❻ ______' 덧남
예 인사말[인사말], 머리말[머리말], 꼬리말[꼬리말], 고무줄 [고무줄], 초가집[초가집], 소나기밥[소나기밥]

혜선T만의 Only One 출좋포 25 | 고유어가 하나 있으면 사이시옷 추가 가능성이 높아진다.

알아두면 좋을 고유어들

- 값 : 킷값[키깝/킨깝], 절댓값[절때깝/절땓깝], 덩칫값[덩치깝/덩칟깝], 죗값[죄:깝/줻:깝]
- 길 : 등굣길[등교낄/등굗낄], 혼삿길[혼사낄/혼삳낄], 고갯길[고개낄/고갣낄]
- 집 : 맥줏집[맥쭈찝/맥쭏찝], 횟집[회:찝/휃:찝], 부잣집[부:자찝/부:잗찝]
- 빛 : 장밋빛[장미삗/장믿삗], 보랏빛[보라삗/보랃삗], 햇빛[해삗/핻삗]
- 말 : 혼잣말[혼잔말], 시쳇말[시첸말], 노랫말[노랜말]
- 국 : 만둣국[만두꾹/만둗꾹], 고깃국[고기꾹/고긷꾹], 북엇국[부거꾹/부걷꾹], 순댓국[순대꾹/순댇꾹], 시래깃국[시래기꾹/시래긷꾹]

정답

❶ 고유어 ❷ 한자어
❸ 사잇소리 현상
❹ 된소리되기 ❺ ㄴ ❻ ㄴㄴ

[Q11] 올바른 표기에 ○표, 틀린 표기에 ×표 하시오.

❶ 꼭짓점	○, ×	❷ 맥줏집	○, ×	❸ 북어국	○, ×
❹ 전셋집	○, ×	❺ 시체말	○, ×	❻ 가욋일	○, ×
❼ 전셋방	○, ×	❽ 순댓국	○, ×	❾ 고양이과	○, ×
❿ 갯수	○, ×	⓫ 촛점	○, ×	⓬ 셋방	○, ×

제31항 | 두 말이 어울릴 적에 'ㅂ' 소리나 'ㅎ' 소리가 덧나는 것은 소리대로 적는다.

1. 'ㅂ' 소리가 덧나는 것

댑싸리(대ㅂ싸리)+	멥쌀(메ㅂ쌀)
볍씨(벼ㅂ씨)	입때(이ㅂ때)+
입쌀(이ㅂ쌀)+	접때(저ㅂ때)
좁쌀(조ㅂ쌀)	햅쌀(해ㅂ쌀)

+ **댑싸리**: 명아줏과의 일년초. 한방에서 이뇨제나 강장제로 쓰임.
+ **입때**: 여태. 입때껏
+ **입쌀**: (잡곡에 대하여) 멥쌀을 이르는 말

2. 'ㅎ' 소리가 덧나는 것

머리카락(머리ㅎ가락)	살코기(살ㅎ고기)
수캐(수ㅎ개)	안팎(안ㅎ밖)
암캐(암ㅎ개)	암컷(암ㅎ것)

'수ㅎ/암ㅎ'이 붙는 단어들 전부(총 9가지만 있음.)
개 : 수캐, 수캉아지
돼지 : 수퇘지
닭 : 수탉, 수평아리
당나귀 : 수탕나귀
수컷, 수톨쩌귀, 수키와

혜선T만의 Only One 출좋포 26 | 제31항

1. 어두 자음군 : ❶ ________에 쓰였던 초성에 나타나던 자음군
2. 'ㅎ' 종성체언 : ❷ ________에 쓰였던 'ㅎ'을 말음으로 가지는 체언.
혼자 있을 때는 'ㅎ'이 나타나지 않다가, 모음 조사나 'ㄱ, ㄷ, ㅂ' 앞에서 나타남.

[Q12] 올바른 표기에 ○표, 틀린 표기에 ×표 하시오.

❶ 암코양이	○, ×	❷ 수컷	○, ×	❸ 숫기와	○, ×
❹ 숫돌쩌귀	○, ×	❺ 수평아리	○, ×	❻ 숫사자	○, ×
❼ 수퇘지	○, ×	❽ 암컷	○, ×	❾ 대싸리	○, ×

정답
❶ ○ ❷ ○ ❸ × ❹ ○
❺ × ❻ ○ ❼ × ❽ ○
❾ × ❿ × ⓫ × ⓬ ○

정답
❶ 조선 시대 ❷ 조선 시대

정답
❶ × ❷ ○ ❸ × ❹ ×
❺ ○ ❻ × ❼ ○ ❽ ○
❾ ×

제5절 준 말

제32항 | 단어의 끝 모음이 줄어지고 자음만 남은 것은 그 앞의 음절에 받침으로 적는다.

기러기야 → 기럭아　　어제그저께 → 엊그저께
어제저녁 → 엊저녁
가지고, 가지지 → 갖고, 갖지
디디고, 디디지 → 딛고, 딛지*

혜선T만의 Only One 출좋포 27 | 제32항

준말 어간은 ❶ ________ 어미만 붙는 경우가 많다.

예 내딛어(×), 갖어(×)
서둘어(×), 서툴어(×)
머물었다(×)

부사에 조사가 결합할 때

예 그리로 → 글로
이리로 → 일로
저리로 →절로
조리로 → 졸로

제33항 | 체언과 조사가 어울려 줄어지는 경우에는 준 대로 적는다.

그것은 → 그건　　그것이 → 그게
그것으로 → 그걸로　　너를 → 널
무엇을 → 뭣을/무얼/뭘　　무엇이 → 뭣이/무에

제34항 | 모음 'ㅏ, ㅓ'로 끝난 어간에 '-아/-어, -았-/-었-'이 어울릴 적에는 준 대로 적는다.

가아 → 가　　나아 → 나
켜어 → 켜　　펴어 → 펴
가았다 → 갔다　　나았다 → 났다
켜었다 → 켰다　　펴었다 → 폈다

혜선T만의 Only One 출좋포 28 | 제34항

❷ ________ 규칙 활용에 해당한다.

❶ 자음　❷ 동음 탈락

붙임 1 'ㅐ, ㅔ' 뒤에 '-어, -었-'이 어울려 줄 적에는 준 대로 적는다.

개어 → 개　　　　베어 → 베
개었다 → 갰다　　　　베었다 → 벴다
세었다 → 셌다

혜선T만의 Only One 출좋포 29 | 제34항 붙임 1

❶ ______, ❷ ______ + ❸ ______ = '❹ ______' 탈락

[Q13] 올바른 표기에 ○표, 틀린 표기에 ×표 하시오.

❶ 엊그저께, 엇그저께	❷ 무엇이 → 뭣이, 무에, 뭐이
❸ 그건, 그것은	❹ 그것을, 그걸
❺ 디디고, 딛고, 디뎌, 딛어	❻ 가지고, 갖고, 가져, 갖어라
❼ 갈 거야, 갈 것이야	❽ 갈 테야, 갈 터이야
❾ 개어, 개, 개여	❿ 베어, 베, 베여
⓫ 개었다, 개였다, 갰다	⓬ 내어, 내, 내여

붙임 2 '하여'가 한 음절로 줄어서 '해'로 될 적에는 준 대로 적는다.

하여 → 해　　　　더하여 → 더해

혜선T만의 Only One 출좋포 30 | 제34항 붙임 2

하+여 = ❺ ______

정답

❶ ㅐ ❷ ㅔ ❸ ㅓ ❹ ㅓ
❺ 해

정답

❶ 엊그저께 ❷ 뭣이, 무에
❸ 그건, 그것은
❹ 그것을, 그걸
❺ 디디고, 딛고, 디뎌
❻ 가지고, 갖고, 가져
❼ 갈 거야, 갈 것이야
❽ 갈 테야, 갈 터이야
❾ 개어, 개 ❿ 베어, 베
⓫ 개었다, 갰다 ⓬ 내어, 내

제35항 | 모음 'ㅗ, ㅜ'로 끝난 어간에 '-아/-어, -았-/-었-'이 어울려 'ㅘ/ㅝ, ㅘㅆ/ㅝㅆ'으로 될 적에는 준 대로 적는다.

꼬아 → 꽈	보아 → 봐
쑤어 → 쒀	주어 → 줘
꼬았다 → 꽜다	보았다 → 봤다
쑤었다 → 쒔다	주었다 → 줬다

붙임 1 '놓아'가 '놔'로 줄 적에는 준 대로 적는다.

붙임 2 'ㅚ' 뒤에 '-어, -었-'이 어울려 'ㅙ, ㅙㅆ'으로 될 적에도 준 대로 적는다.

괴어 → 괘	되어 → 돼
뵈어 → 봬	쐬어 → 쐐
괴었다 → 괬다	되었다 → 됐다
쇠었다 → 쇘다	쐬었다 → 쐤다
꾀었다 → 꾔다	쬐었다 → 쬈다
사뢰었다 → 사뢨다	되뇌었다 → 되뇄다
쇠어 → 쇄	뵈었다 → 뵀다

'놓이다'의 준말 '뇌다'
'놓이어'가 줄어진 형태는 '뇌어'와 놓여로 쓸 수 있다.

굳어진 '띄어쓰기, 띄어 쓰다, 띄어 놓다'
관용상 '뜨여쓰기, 뜨여 쓰다, 뜨여 놓다' 같은 형태가 사용되지 않는다.

혜선T만의 Only One 출좋포 31 | 제35항

ㅚ+ㅓ = ❶ ________ (모음 축약)

» 되다 : 이렇게 만나게 돼서(← ❷ ________) 반갑다.
뵈다 : 오랜만에 부모님을 봬서(← ❸ ________) 기뻤다.

예 2022년에 공무원이 돼요(← 되어요).
그럼 내일 함께 부모님을 ❹ ________ (← ❺ ________).
어느덧 가을이 됐다(← 되었다).
어제 부모님을 뵀다(← 뵈었다).

정답
❶ ㅙ ❷ 되어서
❸ 뵈어서 ❹ 봬요 ❺ 뵈어요

[Q14] 올바른 표기에 ○표, 틀린 표기에 ×표 하시오.

❶ 오아서, 와서	❷ 되어요, 되요, 돼요
❸ 사룄다, 사뢨다	❹ 뵈어, 봬, 뵈여
❺ 주어서, 줘서	

정답
❶ 와서 ❷ 되어요, 돼요
❸ 사뢨다 ❹ 뵈어, 봬
❺ 주어서, 줘서

제38항 | 'ㅏ, ㅗ, ㅜ, ㅡ' 뒤에 '-이어'가 어울려 줄어질 적에는 준 대로 적는다.

싸이어 → 쌔어, 싸여
쏘이어 → 쐬어, 쏘여
뜨이어 → 띄어
트이어 → 틔어, 트여
보이어 → 뵈어, 보여
누이어 → 뉘어, 누여
쓰이어 → 씌어, 쓰여

혜선T만의 Only One 출좋포 32 | 제38항

'-이어'가 결합되는 경우에는 ❶ _____ 도 축약이 가능하고, ❷ _____ 도 축약이 가능하다.

최빈출 亦攻기출

다음의 설명에 따라 올바르게 표기된 경우가 아닌 것은?

2019. 서울시 9급(2차)

- 어간의 끝음절 '하'의 'ㅏ'가 줄고 'ㅎ'이 다음 음절의 첫소리와 어울려 거센소리로 될 적에는 거센소리로 적는다.
- 어간의 끝음절 '하'가 아주 줄 적에는 준 대로 적는다.

① 섭섭지 ② 흔타
③ 익숙치 ④ 정결타

❶ 앞 ❷ 뒤

해설

익숙치(×) → 익숙지(○)
: '하' 앞의 받침의 소리가 [ㄱ, ㄷ, ㅂ]인 경우에는 '하'가 통째로 탈락되므로 '익숙+지: 익숙지'가 옳다.

오답풀이 ① '하' 앞의 받침의 소리가 [ㄱ, ㄷ, ㅂ]인 경우에는 '하'가 통째로 탈락되므로 '섭섭+지: 섭섭지'가 옳다.
② '하' 앞의 받침의 소리가 '울림소리'인 경우에는 하'의 'ㅏ'만 탈락되어 거센소리가 된다. 따라서 '흔ㅎ+다: 흔타'는 옳다.
④ '하' 앞의 받침의 소리가 '울림소리'인 경우에는 하'의 'ㅏ'만 탈락되어 거센소리가 된다. 따라서 '정결ㅎ+다: 정결타'는 옳다. ▶③

제40항 | 어간의 끝음절 '하'의 'ㅏ'가 줄고 'ㅎ'이 다음 음절의 첫소리와 어울려 거센소리로 될 적에는 거센소리로 적는다.

간편하게 → 간편케	연구하도록 → 연구토록
가하다 → 가타	정결하다 → 정결타
흔하다 → 흔타	다정하다 → 다정타

붙임 1 'ㅎ'이 어간의 끝소리로 굳어진 것은 받침으로 적는다.

않다	않고	않지	않든지
그렇다	그렇고	그렇지	그렇든지
아무렇다	아무렇고	아무렇지	아무렇든지
어떻다	어떻고	어떻지	어떻든지
이렇다	이렇고	이렇지	이렇든지

붙임 2 어간의 끝음절 '하'가 아주 줄 적에는 준 대로 적는다.

거북하지 → 거북지
생각하건대 → 생각건대
생각하다 못하여 → 생각다 못해
깨끗하지 않다 → 깨끗지 않다
넉넉하지 않다 → 넉넉지 않다
못하지 않다 → 못지않다
섭섭하지 않다 → 섭섭지 않다
익숙하지 않다 → 익숙지 않다

붙임 3 다음과 같은 부사는 소리대로 적는다.

결단코	결코	기필코	무심코
아무튼	요컨대	정녕코	필연코
하마터면	하여튼	한사코	

혜선T만의 Only One 출좋포 33 | 제40항

1. 어간의 끝 음절 '하'가 ❶ ________(ㄱ, ㄷ, ㅂ, ㅅ 등) 뒤에서 아예 탈락된다.
   예 생각하+건대 → 생각건대, 섭섭하+지 → 섭섭지
2. 어간의 끝 음절 '하'가 ❷ ________(모음, ㄴ, ㄹ, ㅁ, ㅇ 등) 뒤에서 'ㅏ'만 탈락한다.
   예 만만하+게 → 만만케, 흔하+고 → 흔코
3. 단, '서슴다, 삼가다'는 '❸ ________, ❹ ________'로 활용된다.

정답
❶ 안울림소리 ❷ 울림소리
❸ 서슴지 ❹ 삼가지

[Q15] 올바른 표기에 ○표 하시오.

❶ 핫옷, 핟옷	❷ 깍두기, 깎두기, 깍뚜기
❸ 개수, 갯수	❹ 回數 : 회수, 횟수
❺ 돗자리, 돋자리	❻ 내재율(內在律), 내재률(內在律)
❼ 똑닥똑닥, 똑딱똑딱	❽ 짭짤하다, 짭잘하다
❾ 남존녀비(男尊女卑), 남존여비(男尊女卑)	❿ 백분율(百分率), 백뿐눌(百分率)
⓫ 가정란(家庭欄), 가정난(家庭欄)	⓬ 어린이란(欄), 어린이난(欄)
⓭ 투고란(投稿欄), 투고난(投稿欄)	⓮ 학습란(學習欄), 학습난(學習欄)
⓯ 업무량(業務量), 업무양(業務量)	⓰ 노동량(勞動量), 노동양(勞動量)
⓱ 일조량(日照量), 일조양(日照量)	⓲ 먹이량(量), 먹이양(量)
⓳ 칼슘량(量), 칼슘양(量)	⓴ 일찌기, 일찍이
㉑ (어찌) 참으리오?, 참으리요?	㉒ (내가 그것을) 참으리오, 참으리요
㉓ 닁큼, 닝큼	㉔ 늴리리, 닐리리
㉕ 오뚜기, 오뚝이	㉖ 얼루기, 얼룩이
㉗ 소주잔(燒酒盞), 소줏잔(燒酒盞)	㉘ 나무가지, 나뭇가지
㉙ 전세(傳貰)집, 전셋(傳貰)집	㉚ 전세방(傳貰房), 전셋방(傳貰房)
㉛ 제사(祭祀)날, 제삿(祭祀)날	㉜ 양칫물, 양치물
㉝ 앞이, 앞니	㉞ 머리기름, 머릿기름
㉟ 허점(虛點), 헛점(虛點)	㊱ 초점(焦點), 촛점(焦點)
㊲ 울짖다, 우짖다	㊳ 달달이, 다달이
㊴ 불이나케, 부리나케	㊵ 적쟎은, 적잖은
㊶ 됬다, 되었다, 돼었다, 됐다	㊷ 생각지, 생각치
㊸ 하늬바람, 하니바람	㊹ 쌍용(雙龍), 쌍룡(雙龍)
㊺ 하마터면, 하마트면	㊻ 안밖, 안팎
㊼ 유통율(流通律), 유통률(流通律)	㊽ 사용율(使用律), 사용률(使用律)
㊾ 딱다구리, 딱따구리	㊿ 응답율(應答律), 응답률(應答律)
51 실락원(失樂園), 실낙원(失樂園)	52 실패율(失敗律), 실패률(失敗律)
53 어머니란(欄), 어머니난(欄)	54 가십난(欄), 가십란(欄)
55 릉(陵), 능(陵)	56 왕릉(王陵), 왕능(王陵)
57 작업량(作業量), 작업양(作業量)	58 구름량(量), 구름양(量)
59 국물량(量), 국물양(量)	60 칼로리량(量), 칼로리양(量)
61 삶, 삼	62 만듦, 만듬
63 (먹지) 마시오, 마시요	64 꺽꽂이, 꺾꽂이, 꺾곶이

정답

❶ 핫옷 ❷ 깍두기 ❸ 개수
❹ 횟수 ❺ 돗자리 ❻ 내재율
❼ 똑딱똑딱 ❽ 짭짤하다
❾ 남존여비 ❿ 백분율
⓫ 가정란 ⓬ 어린이난
⓭ 투고란 ⓮ 학습란 ⓯ 업무량
⓰ 노동량 ⓱ 일조량 ⓲ 먹이양
⓳ 칼슘양 ⓴ 일찍이
㉑ (어찌)참으리오?
㉒ (내가 그것을)참으리요
㉓ 닁큼 ㉔ 늴리리 ㉕ 오뚝이
㉖ 얼루기 ㉗ 소주잔
㉘ 나뭇가지 ㉙ 전셋집
㉚ 전세방 ㉛ 제삿날 ㉜ 양칫물
㉝ 앞니 ㉞ 머릿기름 ㉟ 허점
㊱ 초점 ㊲ 우짖다 ㊳ 다달이
㊴ 부리나케 ㊵ 적잖은
㊶ 되었다, 됐다 ㊷ 생각지
㊸ 하늬바람 ㊹ 쌍룡
㊺ 하마터면 ㊻ 안팎 ㊼ 유통률
㊽ 사용률 ㊾ 딱따구리
㊿ 응답률 51 실낙원 52 실패율
53 어머니난 54 가십난 55 능
56 왕릉 57 작업량 58 구름양
59 국물양 60 칼로리양 61 삶
62 만듦 63 (먹지) 마시오
64 꺾꽂이

정답

⑥⑤ 고랭지 ⑥⑥ 며칟날 ⑥⑦ 삼짇날
⑥⑧ 이튿날 ⑥⑨ 처갓집 ⑦⓪ 꼭짓점
⑦① 북엇국 ⑦② 나루터 ⑦③ 툇마루
⑦④ 고춧가루 ⑦⑤ 해님 ⑦⑥ 개펄
⑦⑦ 최솟값 ⑦⑧ 수탉 ⑦⑨ 뒤뜰
⑧⓪ 암고양이 ⑧① 편안찮다
⑧② 평생토록 ⑧③ 서슴지
⑧④ 간편케

⑥⑤ 고랭지(高冷地), 고냉지(高冷地)	⑥⑥ 며칟날, 며칠날
⑥⑦ 삼짓날, 삼짇날	⑥⑧ 이틀날, 이튿날
⑥⑨ 처가(妻家)집, 처갓(妻家)집	⑦⓪ 꼭지점(點), 꼭짓점(點)
⑦① 북어(北魚)국, 북엇(北魚)국	⑦② 나루터, 나룻터
⑦③ 퇴(退)마루, 툇(退)마루	⑦④ 고추가루, 고춧가루
⑦⑤ 해님, 햇님	⑦⑥ 개펄, 갯펄
⑦⑦ 최소(最少)값, 최솟(最少)값	⑦⑧ 수닭, 수탉
⑦⑨ 뒤뜰, 뒷뜰	⑧⓪ 암고양이, 암코양이
⑧① 편안잖다, 편안찮다	⑧② 평생토록, 평생도록
⑧③ 서슴지, 서슴치	⑧④ 간편게, 간편케

제39항 | 어미 '-지' 뒤에 '않-'이 어울려 '-잖-'이 될 적과 '-하지' 뒤에 '않-'이 어울려 '-찮-'이 될 적에는 준 대로 적는다.

그렇지 않은 → 그렇잖은 적지 않은 → 적잖은
만만하지 않다 → 만만찮다 변변하지 않다 → 변변찮다
달갑지 않다 → 달갑잖다 마뜩하지 않다 → 마뜩잖다
오죽하지 않다 → 오죽잖다 당하지 않다 → 당찮다
시답지 않다 → 시답잖다 편하지 않다 → 편찮다

'-스럽-+-이'='-스레'
예 '사랑스럽-+-이'=사랑스레'
'천연스럽-+-이'='천연스레'

혜선T만의 Only One 출좋포 34 | 제39항

'잖', '찮'은 반드시 '❶ ______', '❷ ______'으로 표기해야 한다.

정답

❶ 잖 ❷ 찮

[Q16] 올바른 표기에 ○표, 틀린 표기에 ×표 하시오

❶ 그녀는 그에게 (차였다, 채었다, 채였다)
❷ 여기여기 (모여라, 뫼어라, 뫼여라)
❸ 책 구성이 잘 (짜여, 째어, 째여) 있다.
❹ 오죽쟎다, 오죽잖다
❺ 편챦다, 편찮다, 편쟎다, 편잖다
❻ 생각잖다, 생각찮다, 생각챦다, 생각쟎다.
❼ 축구공이 발로 (까였다, 깨었다, 꺴다, 깨였다)
❽ 한글은 문자로 (쓰였다, 씌었다, 씌였다)
❾ 상처로 피부가 (파였다, 패었다, 패였다)
❿ 마뜩쟎다, 마뜩찮다, 마뜩잖다, 마뜩챦다
⓫ 만만쟎은, 만만챦은, 만만찮은, 만만찮은
⓬ 술이 (놓여, 놓이어, 뇌어, 놓이여, 뇌여)

정답

❶ 차였다, 채었다
❷ 모여라, 뫼어라
❸ 짜여, 째어 ❹ 오죽잖다
❺ 편찮다 ❻ 생각잖다
❼ 까였다, 깨었다, 꺴다
❽ 쓰였다, 씌었다
❾ 파였다, 패었다 ❿ 마뜩잖다
⓫ 만만찮은
⓬ 놓여, 놓이어, 뇌어

제5장 그 밖의 것

최빈출 亦攷기출

밑줄 친 부분의 표기가 옳지 않은 것은? 2021 국회직 9급

① 이 자료를 꼼꼼이 정리해 두었다.
② 장군의 죽음을 헛되이 하지 않겠다.
③ 이웃들은 나를 따뜻이 반겨주었다.
④ 그는 우리 어머니를 매번 깍듯이 대했다.
⑤ 내가 놓친 것은 없는지 샅샅이 살펴보았다.

해설

꼼꼼이 → 꼼꼼히 : '꼼꼼하다'라는 단어가 있다. '하다'가 붙는 어근은 'ㅅ' 받침을 제외하고 부사화 접미사 '히'를 일반적으로 붙이므로 '꼼꼼히'로 고쳐야 한다.

오답풀이 ② '헛되이'는 '헛되히'로 발음되지 않으므로 '헛되이'가 옳다.
③④ '하다'가 붙지만 'ㅅ' 받침으로 끝나는 것들은 부사화 접미사 '이'가 붙는다. '따뜻하다, 깍듯하다'이므로 각각 '따뜻이, 깍듯이'가 옳다.
⑤ '샅'은 '두 다리의 사이'를 의미하는 명사이다. 첩어명사 뒤에는 '이'가 붙는데, '샅샅'은 첩어 명사이므로 '샅샅이'가 옳다. ▶①

제51항 | 부사의 끝음절이 분명히 '이'로만 나는 것은 '-이'로 적고, '히'로만 나거나 '이'나 '히'로 나는 것은 '-히'로 적는다.

혜선T만의 Only One 출좋포 35 | 제51항 '이'와 '히'의 구별

1. '이'로 적는 것
   - ① ❶ ______ 뒤: 같이, 높이, 많이, 실없이, 헛되이
   - ② ❷ ______ 뒤(제25항 2 참조): 곰곰이, 더욱이, 일찍이, 오뚝이 등
   - ③ ❸ ______ 명사 뒤: 일일이, 집집이, 번번이, 푼푼이, 낱낱이, 곳곳이, 샅샅이 등
   - ④ '❹ ______' 받침 뒤: 깨끗이, 버젓이, 번듯이, 지긋이 등
   - ⑤ '❺ ______' 불규칙 용언의 어간 뒤: 가벼이, 괴로이, 기꺼이, 쉬이, 너그러이 등
   - ⑥ '❻ ______' 뒤: 나지막이

2. '히'로 적는 것
   - ① '-하다'가 붙는 어근 뒤(단, 'ㅅ' 받침 제외): 꼼꼼히(꼼꼼하다), 급급히(급급하다), 푼푼히(푼푼하다), 번번히(번번하다), 간편히, 고요히
   - ② '-하다'가 붙는 어근에 '-히'가 결합하여 된 부사에서 온 말: 익히(← 익숙히), 특히(← 특별히)
   - ③ 어원적으로는 '-하다'가 붙지 않는 어근에 부사화 접미사가 결합한 형태로 분석되더라도, 그 어근 형태소의 본뜻이 유지되고 있지 않은 단어의 경우는 익어진 발음 형태대로 '히'로 적는다.
     예 ❼ ______, ❽ ______

정답

❶ 형용사 ❷ 부사 ❸ 첩어
❹ ㅅ ❺ ㅂ ❻ ㄱ ❼ 딱히
❽ 익히

제52항 | 한자어에서 본음으로도 나고 속음으로도 나는 것은 각각 그 소리에 따라 적는다.

본음으로 나는 것	속음으로 나는 것
승낙(承諾)	수락(受諾), 쾌락(快諾), 허락(許諾)
분노(忿怒)	대로(大怒), 희로애락(喜怒哀樂)

제53항 | 다음과 같은 어미는 예사소리로 적는다.

-(으)ㄹ거나	-(으)ㄹ걸	-(으)ㄹ게
-(으)ㄹ세	-(으)ㄹ세라	-(으)ㄹ수록
-(으)ㄹ시	-(으)ㄹ지	-(으)ㄹ지니라
-(으)ㄹ지라도	-(으)ㄹ지어다	-(으)ㄹ지언정
-(으)ㄹ진대	-(으)ㄹ진저	-올시다

다만, 의문을 나타내는 다음 어미들은 된소리로 적는다.

-(으)ㄹ까	-(으)ㄹ꼬?	-(스)ㅂ니까?
-(으)리까?	-(으)ㄹ쏘냐?	

제54항 | 다음과 같은 접미사는 된소리로 적는다.

심부름꾼	익살꾼	일꾼	장꾼
장난꾼	지게꾼	때깔	빛깔
성깔	귀때기	볼때기	판자때기
뒤꿈치	팔꿈치	이마빼기	코빼기
객쩍다	겸연쩍다		

1. **'-군/-꾼'은 '꾼'으로 통일하여 적는다.** 예 사냥꾼, 짐꾼

2. **'-갈/-깔'은 '깔'로 통일하여 적는다.** 예 맛깔, 태깔(態-)

3. **'-굼치/-꿈치'는 '꿈치'로 적는다.** 예 발꿈치, 발뒤꿈치

4. '－대기/－때기'는 '때기'로 적는다.

예 거적때기, 나무때기, 널판때기, 등때기, 배때기, 송판때기, 판때기, 팔때기

혜선T만의 Only One 출좋포 36 | 제54항 -때기 「접사」 (몇몇 명사 뒤에 붙어)

'비하'의 뜻을 더하는 접미사 ('-대기'라는 접미사는 없음.)

예 배때기, 귀때기, 볼때기, 이불때기, 송판때기, 표때기, 거적때기, 나무때기, 널판때기, 등때기, 판때기, 팔때기

5. '－배기/－빼기'가 혼동될 수 있는 단어는 다음과 같이 적는다.

혜선T만의 Only One 출좋포 37 | 제54항 -배기, -빼기

참고로 '❶ ________, 학배기'는 하나의 단어이므로 이대로 외워야 한다.

1. '-배기'로 적는 경우 → ❷ ________ 소리 + -배기

   예 나이배기, 귀퉁배기, 대짜배기, 육자배기(六字――), 주정배기(酒酊――), 진짜배기, 포배기

2. '-빼기'로 적는 경우 → ❸ ________ 소리 + -빼기

   예 곱빼기, 밥빼기, 과녁빼기, 악착빼기, 앍둑빼기, 앍작빼기, 억척빼기, 얽둑빼기, 얽빼기, 얽적빼기,
   (단, '언덕배기'는 [언덕빼기]로 발음이 되지만 '언덕바지'와의 형태적 연관성을 보이기 위해 '언덕배기'로 적는다.)

3. 비하의 의미를 더하는 '❹ ________'

   예 신체 일부+빼기(이마빼기, 코빼기, 머리빼기, 대갈빼기 등)
   고들빼기(반찬의 한 종류), 그루빼기, 재빼기(=잿마루)

정답

❶ 뚝배기 ❷ 울림 ❸ 안울림
❹ 빼기

6. '－적다/－쩍다'가 혼동될 수 있는 단어는 다음과 같이 적는다.

혜선T만의 Only One 출좋포 38 | 제54항 -적다 / -쩍다

1. '－적다'[少]'의 뜻이 유지되고 있는 합성어의 경우는 '적다'로 적는다.
   예 맛적다+, 딴기적다+
2. '－적다'[少]'의 뜻이 없는 합성어의 경우는 '쩍다'로 적는다.
   예 겸연쩍다, 멋쩍다, 맥쩍다+, 해망쩍다+, 행망쩍다+
3. '－적다'[少]'의 뜻이 없지만 '적다'로 쓰는 경우
   예 괘다리적다+, 괘달머리적다+, 열퉁적다+

+ **맛적다**: 재미나 흥미가 거의 없어 싱겁다
+ **딴기적다**(－氣－－): 기력이 약하여 힘차게 앞질러 나서는 기운이 없다.
+ **맥쩍다, 멋쩍다**: 쑥스럽다.
+ **해망쩍다, 행망쩍다**: 아둔하다.
+ **괘다리적다**: 사람됨이 멋없고 거리칠다. 성미가 무뚝뚝하고 퉁명스럽다.
+ **괘달머리적다**: '괘다리적다'를 속되게 이르는 말
+ **열퉁적다**: 말이나 행동이 조심성이 없고 거칠며 미련스럽다.

제56항 | '-더라, -던'과 '-든지'는 다음과 같이 적는다.

1. 지난 일을 나타내는 어미는 '－더라, －던'으로 적는다.

지난겨울은 몹시 춥더라.	깊던 물이 얕아졌다.
그렇게 좋던가?	그 사람 말 잘하던데!

2. 물건이나 일의 내용을 가리지 아니하는 뜻을 나타내는 조사와 어미는 '－든지'로 적는다.

배든지 사과든지 마음대로 먹어라.
가든지 오든지 마음대로 해라.

혜선T만의 Only One 출좋포 39 | 제56항 과거의 '-던' VS 선택의 '-든'

1. ❶ ________의 의미 : –던
   예 오랜만에 만났더니 반갑더라. / 선생님도 이젠 늙으셨더구나.
   그림을 잘 그렸던데 여기에 걸자. / 선생님은 교실에 계시던걸.
2. ❷ ________의 의미 : –든
   예 사과를 먹든지 감을 먹든지 하렴. / 가든(지) 말든(지) 상관없다.

❶ 과거 ❷ 선택

혜선T만의 Only One 출좋포 40 | 주의해야 할 어미

-ㄹ는지 (-ㄹ런지 ×)	예 그 사람이 과연 올는지. / 자네도 같이 떠날는지.
-려 (-ㄹ려 ×)	예 편지를 쓰려면(쓸려면×) 서둘러야 한다. 떼려야(뗄레야×) 뗄 수 없다. 시험에 붙으려나(붙을려나×) 모르겠어요. 내가 그 음식을 만들려고(○) 한다.
-느냐/ -(으)냐	• '-느냐'는 동사 어간 뒤에, '-으냐'는 형용사 어간 뒤에 쓰인다. 예 어디에 가느냐? / 방이 넓으냐? • '-냐'는 현대 국어에서 '-느냐, -으냐'와 달리 주로 구어에서 '이다' 및 모든 용언에 결합할 수 있다. 예 그렇게 좋냐(좋으냐○)?

제57항 | 다음 말들은 각각 구별하여 적는다.

가름 : 그들의 끈기가 이 경기의 승패를 가름했다.
갈음 : 오늘 이것으로 치사를 갈음하고자 합니다.
가늠 : 전봇대의 높이를 가늠할 수 있겠니?

» 가름 : 쪼개거나 나누어 따로따로 되게 하는 일 /
승부나 등수 따위를 정하는 일
갈음 : 다른 것으로 바꾸어 대신함.
가늠 : 사물을 어림잡아 헤아리다.

유래(由來) : 이 민속 행사의 유래는 신라 때로 거슬러 올라간다.
유례(類例) : 이 사건은 인류 역사상 유례가 없는 일이다.

» 유래(由來) : 어떤 것이 전부터 전해 내려옴. 또는 그 내력.
유례(類例) : 같거나 비슷한 예.

거치다 : 영월을 거쳐 왔다. 걷히다 : 해가 뜨자 안개가 걷히기 시작했다.

≫ 거치다 : 무엇에 걸리거나 막히다. 오가는 도중에 어디를 지나거나 들르다. 어떤 과정이나 단계를 겪거나 밟다.
걷히다 : '걷다'의 피동사

걷잡다 : 걷잡을 수 없는 상태 겉잡다 : 겉잡아서 이틀 걸릴 일

≫ 걷잡다 : 한 방향으로 치우쳐 흘러가는 형세 따위를 붙들어 잡다. 마음을 진정하거나 억제하다.
겉잡다 : 겉으로 보고 대강 짐작하여 헤아리다.

엄한 : 그는 아이들의 잘못된 행동에는 엄한 태도를 보였다. 애먼 : 정작 죄지은 놈들은 도망친 다음이라 애먼 사람들이 얻어 맞았다.

≫ 엄한 : 엄격한
애먼 : 일의 결과가 엉뚱하게 느껴지는.

제치다 : 선배를 제치고 우승하다. 젖히다 : 그는 고개를 뒤로 젖히고 졸고 있었다. 제끼다 : 비표준어

≫ 제치다 : 경쟁 상대보다 우위에 서다. 거치적거리지 않게 처리하다. 일정한 대상이나 범위에서 빼다. 일을 미루다.
젖히다 : 무엇의 윗부분을 뒤로 젖게 하다.
제끼다 : 비표준어

여위다 : 민철이는 아파서 많이 여위었다. 여의다 : 민철이는 어릴 때 일찍 아버지를 여의었다.

≫ 여위다 : 몸의 살이 빠져 마르고 파리하게 되다
여의다 : 죽어서 이별하다. 시집보내다. 멀리 떠나보내다.

바치다 : 나라를 위해 목숨을 바쳤다.
받치다 : 우산을 받치고 간다. 책받침을 받친다. 이 영화는 배경 음악이 장면을 잘 받쳐 주어서 더욱 감동적이다. 맨바닥에서 잠을 자려니 등이 받쳐서 잠이 오지 않는다.
받히다 : 쇠뿔에 받혔다.
밭치다 : 삶은 국수를 찬물에 헹군 후 체에 밭쳐 놓았다.

» 바치다 : 신이나 웃어른께 드리다. 무엇을 위하여 모든 것을 아낌없이 내놓거나 쓰다.
받치다 : 물건의 밑이나 옆 따위에 다른 물체를 대다. 어떤 일을 잘할 수 있도록 뒷받침해 주다.
받히다 : '받다(머리나 뿔 따위로 세차게 부딪치다.)'의 피동사
밭치다 : '밭다(건더기와 액체가 섞인 것을 체 따위에 따라서 액체만을 따로 받아 내다.)'를 강조

늘이다 : 엿가락(바짓단, 고무줄)을 늘인다.
늘리다 : 엿가락(바짓단, 고무줄)의 나머지

» 늘이다 : 본디보다 더 길어지게 하다.
늘리다 : 물체의 부피 따위를 본디보다 커지게 하다.
수나 분량 따위를 본디보다 많아지게 하다.

다리다 : 옷을 다린다.
달이다 : 약을 달인다.

» 다리다 : 옷이나 천 따위의 주름이나 구김을 펴기 위해 다리미로 문지르다.
달이다 : 액체를 끓여서 진하게 하다.
약재에 물을 부어 우러나도록 끓이다.

닫히다 : 문이 저절로 닫혔다.
닫치다 : 그가 문을 힘껏 닫쳤다.

» 닫히다 : '닫다(문짝 따위를 제자리로 가게 하여 막다.)'의 피동사
닫치다 : 문짝 따위를 세게 닫다. 입을 굳게 다물다.

맞히다 : 여러 문제를 더 **맞혔다.** 화살을 과녁에 정확하게 **맞혔다.** 꼬마들에게는 주사를 **맞히기가** 힘들다. 이런 날씨에 비를 **맞히니** 멀쩡한 사람도 병이 나지. 맞추다 : 시험이 끝나고 나와 철호는 서로의 답을 **맞춰** 보았다. 이제 각자의 답을 정답과 **맞춰** 보도록 해라.

» 맞히다 : 문제에 대한 답을 틀리지 않게 하다. 자연 현상에 따라 내리는 눈, 비 따위를 닿게 하다.
맞추다 : 나머지

벗어지다 : 철수는 머리가 **벗어졌다.** 벗겨지다 : 철수는 머리가 **벗겨졌다.** 바나나 껍질이 **벗겨졌다.**

» 벗어지다 : 머리카락이나 몸의 털 따위가 빠지다.
옷·모자·신 등이 몸에서 떨어져 나가다.
벗겨지다 : 머리카락이나 몸의 털 따위가 빠지다.
벗김을 당하여 벗어지다.

반드시 : 약속은 **반드시** 지켜라. 반듯이 : 고개를 **반듯이** 들어라.

» 반드시 : 틀림없이 꼭,
반듯이 : 비뚤어지거나 기울거나 굽지 않고 바르게

지그시 : 놀부는 흥부의 발을 **지그시** 밟았다. 지긋이 : 영희는 나이가 **지긋이** 들어 보였다

» 지그시 : 슬며시 힘을 주는 모양
지긋이 : 나이가 비교적 많아 듬직하게

부딪치다 : 차와 차가 마주 **부딪쳤다.** 자동차가 가로수에 **부딪쳤다.** 부딪히다 : 마차가 화물차에 **부딪혔다.** 공공 정책은 강력한 반대에 **부딪혀** 공공 갈등을 유발한다.

» 부딪치다 : '부딪다'를 강조
부딪히다 : '부딪다'의 피동사. 부딪음을 당하다.

맞추다
'맞추다'는 '대상끼리 서로 비교한다.'는 의미를 가져서 '답안지를 정답과 **맞추다.**'와 같은 경우에만 쓴다.

03

부치다 : 힘이 부치는 일이다. 편지를 부친다. 논밭을 부친다. 빈대떡을 부친다. 식목일에 부치는 글. 회의에 부치는 안건. 인쇄에 부치는 원고. 삼촌 집에 숙식을 부친다.
붙이다 : 우표를 붙인다. 별명을 붙인다. 책상을 벽에 붙였다. 흥정을 붙인다. 불을 붙인다. 감시원을 붙인다. 조건을 붙인다. 취미를 붙인다.

» '붙이다'에는 '붙게 하다'의 의미가 있는 반면, '부치다'에는 그런 의미가 없다.

» '부치다'에는 다음과 같은 의미가 있다.
① 모자라거나 미치지 못하다. 예 그 일은 이제 기력이 부쳐 할 수 없다.
② 편지나 물건 따위를 상대에게 보내다.
예 아들에게 학비와 용돈을 부치다.
③ 논밭을 이용하여 농사를 짓다. 예 부쳐 먹을 내 땅 한 평 없다.
④ 프라이팬 따위에 기름을 바르고 빈대떡 따위의 음식을 만들다.
예 전을 부치다.
⑤ 어떤 행사나 특별한 날에 즈음하여 어떤 의견을 나타내다.
예 젊은 세대에 부치는 서(書). 식목일에 부치는 글.
⑥ 어떤 문제를 다른 곳이나 다른 기회로 넘기어 맡기다.
예 안건을 회의에 부치다.
⑦ 원고를 인쇄에 넘기다. 예 접수된 원고를 편집하여 인쇄에 부쳤다.
⑧ 먹고 자는 일을 제집이 아닌 다른 곳에서 하다. 예 삼촌 집에 숙식을 부치다.

» '붙이다'에는 다음과 같은 의미가 있다.
① 맞닿아 떨어지지 아니하게 하다. 예 우표를 붙이다.
② 물체와 물체 따위를 서로 바짝 가깝게 놓다. 예 가구를 벽에 붙이다.
③ 겨루는 일 따위가 서로 어울려 시작되게 하다. 예 싸움을 붙이다.
④ 불을 옮겨 타게 하다. 예 연탄에 불을 붙이다.
⑤ 사람 등을 딸려 붙게 하다. 예 아이에게 가정 교사를 붙여 주다.
⑥ 조건, 이유, 구실 따위를 달다. 예 계약에 조건을 붙이다.
⑦ 어떤 감정이나 감각이 생겨나게 하다. 예 공부에 흥미를 붙이다. 아이와 정을 붙이다.
⑧ 이름 따위를 만들어 주다. 예 별명을 붙이다.

아름 : 세 아름 되는 둘레
알음 : 전부터 알음이 있는 사이
앎 : 앎이 힘이다.

» 아름 : 두 팔을 둥글게 모아서 만든 둘레 또는 그러한 둘레의 길이를 나타내는 단위
알음 : 사람끼리 서로 아는 일, 지식이나 지혜가 있음.
앎 : '아는 일'이라는 뜻의 말이다.

안치다 : 밥을 안친다.
앉히다 : 윗자리에 앉힌다. 그는 책을 읽다가 중요한 것을 여백에 앉히는 습관이 있다.
선생님은 아이들에게 인사하는 버릇을 앉혀 주셨다.

» 안치다 : 음식을 만들기 위하여 그 재료를 솥이나 냄비 따위에 넣고 불 위에 올리다.
앉히다 : '앉다'의 사동사로 쓰이거나, 문서에 줄거리를 따로 적어 놓다, 버릇을 가르치다.

방증(傍證) : 그 저서는 저자의 해박함을 방증하는 역작이다.
반증(反證) : 그 논리의 오류를 입증할 수 있는 반증을 제시해 보십시오.

» 방증(傍證) : 사실을 증명할 수 있는 증거가 되지는 않지만, 주변의 상황을 밝힘으로써 범죄의 증명에 간접적으로 도움이 되는 증거.
반증(反證) : 어떤 사실이나 주장에 대해 증거를 들어 그것을 부정하는 일.

이따가 : 이따가 오너라.
있다가 : 돈은 있다가도 없다. 여기에 며칠 더 있다가 갈게.

» 이따가 : '조금 지난 뒤에'라는 뜻을 나타내는 부사
있다가 : '있다'의 '있-'에 어떤 동작이나 상태가 끝나고 다른 동작이나 상태로 옮겨지는 뜻을 나타내는 어미 '-다가'가 붙은 형태이다. '이따가'도 어원적인 형태는 '있- + -다가'로 분석되는 것이지만, 그 어간의 본뜻에서 멀어진 것이므로 소리 나는 대로 적는다.

저리다 : 다친 다리가 저리다.
절이다 : 김장 배추를 절이다.

» 저리다 : 뼈마디나 몸의 일부가 쑤시듯이 아프다, 몸의 일부가 오래 눌려서 피가 잘 통하지 못해 감각이 둔하고 아리다.
절이다 : 푸성귀나 생선 따위에 소금기나 식초, 설탕 따위를 배어들게 하다.

조리다 : 생선을 조린다. / 통조림, 병조림 졸이다 : 마음을 졸인다. / 찌개를 졸이다

» 조리다 : 양념을 한 고기나 생선, 채소 따위를 국물에 넣고 바짝 끓여서 양념이 배어들게 하다.
졸이다 : 속을 태우다시피 초조해하다. / 찌개, 국, 한약 따위의 물을 증발시켜 분량을 적어지게 하다.
'졸다'의 사동사

썩히다 : 음식을 썩혀 거름을 만들다. 그는 시골구석에서 재능을 썩히고 있다. 썩이다 : 여태껏 부모 속을 썩이거나 말을 거역한 적이 없었다.

» 썩히다 : 부패하게 하다. 물건이나 사람, 사람의 재능 따위가 쓰이지 못하고 내버려진 상태로 있게 하다.
썩이다 : 마음이 몹시 괴로운 상태가 되게 만들다.

삭히다 : 김치를 삭히다. 멸치젓을 삭히다. 삭이다 : 철수는 분을 삭이다.

» 삭히다 : 발효시키다.
삭이다 : 분한 마음을 가라앉히다.

주리다 : 여러 날을 주렸다. 줄이다 : 비용을 줄인다.

» 주리다 : 제대로 먹지 못하여 배를 곯다
줄이다 : 줄다'의 사동사이다.

하노라고 : 하노라고 한 것이 이 모양이다. 하느라고 : 공부하느라고 밤을 새웠다.

» -노라고 : 자기 나름대로 꽤 노력했음
-느라고 : 앞의 내용이 뒤에 오는 내용의 목적이나 원인이 됨

-느니보다[어미] : 나를 찾아오느니보다 집에 있어라. -는 이보다[의존 명사] : 오는 이가 가는 이보다 많다.

» -느니보다 : '-는 것보다'
-는 이보다 : '-는 사람보다'

-(으)리만큼[어미] : 나를 미워하리만큼 그에게 잘못한 일이 없다. -(으)ㄹ 이만큼[의존 명사] : 찬성할 이도 반대할 이만큼이나 많을 것이다.

» -(으)리만큼 : '-(으)ㄹ 정도로'
-(으)ㄹ 이만큼 : '-(으)ㄹ 사람만큼'

-(으)러[목적] : 공부하러 간다. -(으)려[의도] : 서울 가려 한다.

» -(으)러 : 가거나 오거나 하는 동작의 목적
-(으)려(고) : 어떤 행동을 할 의도나 욕망을 가지고 있음

(으)로서[자격] : 사람으로서 그럴 수는 없다. (으)로써[수단] : 닭으로써 꿩을 대신했다.

» (으)로서 : '지위나 신분, 자격'
(으)로써 : '재료, 수단, 도구'
한편 '(으)로써'는 '어떤 일의 기준이 되는 시간'의 의미로 쓰이기도 한다.

그러므로[그러니까] : 그는 부지런하다. 그러므로 잘산다. 그럼으로(써)[그렇게 하는 것으로] : 그는 열심히 공부한다. 그럼으로(써) 은혜에 보답한다.

» 그러므로 : 앞의 내용이 뒤에 나오는 내용의 이유나 원인, 근거가 될 때 쓰인다.
그럼으로(써) : '그러다'의 명사형 '그럼'에 '으로(써)'가 결합한 것으로 '그렇게 하는 것으로(써)'라는 뜻을 나타낸다. '그러므로'에는 '써'가 결합할 수 없다는 점에서 '그럼으로(써)'와 차이가 있다.

-(으)므로[어미] : 그가 나를 믿으므로 나도 그를 믿는다. (-ㅁ, -음)으로(써)[조사] : 그는 믿음으로(써) 산 보람을 느꼈다.

» -(으)므로 : 까닭을 나타내는 어미
-(으)ㅁ으로(써) : '-(으)ㅁ'에 조사 '으로(써)'가 결합한 형태이다. 어미 '-(으)므로'에는 '써'가 결합하지 않는다.

돋구다 : 눈이 침침한 걸 보니 안경의 도수를 돋굴 때가 되었나 보다. 돋우다 : 농무는 신명을 돋우고 있었다.

» 돋구다 : 안경의 도수 따위를 더 높게 하다.
돋우다 : '돋구다'를 제외한 나머지

그슬다 : 바닷가에서 새우를 불에 그슬어서 먹었다. 그을다 : 들판 곳곳에는 까맣게 그을린 농부들이 있다.

» 그슬다 : 불에 쬐어 거죽만 살짝 타게 하다.
그을다 : 햇볕 · 연기 등을 오래 쐬어 검게 되다.

띄다 : 서로 책상과의 간격을 띄어야 한다. 원고에 가끔 오자가 눈에 띈다. 띠다 : 중대한 임무를 띠다. 대화는 열기를 띠기 시작했다.

» 띄다 : 간격을 띄다, 눈에 띄다
띠다 : '띄다'를 제외한 나머지

결제(決濟) : 그 회사는 어음을 결제하지 못해 부도 처리가 됐다. 결재(決裁) : 사장님의 결재를 받았다.

» 결제(決濟) : 증권이나 대금의 수수(授受)에 의해서 매매 당사자 간의 거래 관계를 끝맺음.
결재(決裁) : 상관이 부하가 제출한 안건을 검토하여 승인함.

구별(區別) : 그 형제는 너무 닮아서 누가 동생이고 누가 형인지 구별할 수 없다. 구분(區分) : 문학은 서정 갈래, 서사 갈래, 교술 갈래, 극 갈래로 구분할 수 있다 분류(分類) : 서정 갈래, 서사 갈래, 교술 갈래, 극 갈래를 문학으로 분류할 수 있다.

» 구별(區別) : 성질이나 종류에 따라 차이가 남. 또는 성질이나 종류에 따라 갈라놓음.
구분(區分) : 일정한 기준에 따라 나눔.
분류(分類) : 일정한 기준에 따라 묶음

경신 : 마라톤 세계 기록 경신.
그의 이론은 논리학과 철학에 경신을 일으켰다.
갱신 : 카드를 갱신하였다. 계약을 갱신하였다.

» 경신(更新) : 종전의 기록을 깨뜨림. 이미 있던 것을 고쳐 새롭게 함.
갱신(更新) : 법률관계의 존속 기간이 끝났을 때 그 기간을 연장하는 일

계발(啓發) : 교사는 학생이 잠재된 창의성을 계발하도록 해야 한다.
개발(開發) : 경치가 좋은 곳을 관광지로 개발하려고 한다.
교사는 학생이 잠재된 창의성을 개발하도록 해야 한다.
첨단 산업을 개발하고 육성하다.

» 계발(啓發) : 슬기나 재능, 사상 따위를 일깨워 줌.
개발(開發) :
- 토지나 천연자원 따위를 유용하게 만듦.
- 지식이나 재능 따위를 발달하게 함.
- 산업이나 경제 따위를 발전하게 함.
- 새로운 물건을 만들거나 새로운 생각을 내어놓음.

개재(介在) : 이번 협상에는 수많은 변수가 개재되어 있다.
게재(揭載) : 학술지에 논문을 게재하였다
계제(階梯) : 공부에는 밟아야 되는 계제가 있다.
지금은 이것저것 가릴 계제가 아니다.
변명할 계제가 없었다.

» 개재(介在) : 어떤 것들 사이에 끼여 있음. '끼어듦', '끼여 있음'
게재(揭載) : (글이나 사진, 그림 따위를) 신문이나 잡지에 실음.
계제(階梯) :
- 일이 되어 가는 순서나 절차를 비유적으로 이르는 말
- 어떤 일을 할 수 있게 된 형편이나 기회

두껍다 : 추워서 옷을 두껍게 입었다. 선수층은 두껍다.
안개가 두껍게 깔렸다.
두텁다 : 친분이 두텁다. 두터운 은혜.

» 두껍다 : 두께가 두툼하다. 층의 높이나 집단의 규모가 크다. 어둠이나 안개 따위가 짙다.
두텁다 : 신의, 믿음, 관계, 인정 따위가 굳고 깊다.

좇다 : 명예를 좇는 젊은이. 아버지의 유언을 좇다. 쫓다 : 파리를 쫓았다. 어머니는 아들을 쫓아 방에 들어갔다.

≫ 좇다 : 긍정적 대상을 추구하다.
쫓다 : 떠나도록 내몰다. 부정적인 상황에서 잡기 위해 급히 따르다.

껍데기 : 달걀 껍데기. 껍질 : 나무껍질. 돼지 껍질

≫ 껍데기 : 단단한 물질
껍질 : 딱딱하지 않은 물체의 겉을 싼 질긴 물질

혼동(混同) : 자유와 방종을 혼동하였다. 혼돈(混沌) : 외래문화의 무분별한 수입은 가치관의 혼돈을 초래하였다. 혼란(混亂) : 불이 나자 선생님들은 혼란을 수습하였다.

≫ 혼동(混同) : 어떤 현상을 잘못 판단하다
'A, B를 헷갈려 한다'로 많이 사용된다.
혼돈(混沌) : 마구 뒤섞여 있어 갈피를 잡을 수 없음. 또는 그런 상태
혼란(混亂) : 뒤죽박죽이 되어 어지럽고 질서가 없음.

지향(志向)하다 : 평화를 지향하다. 지양(止揚)하다 : 흡연을 지양해야 한다.

≫ 지향(志向)하다 : 어떤 목적으로 뜻이 쏠리어 향함.
지양(止揚)하다 : 어떤 것을 하지 않음.

-대: 영희가 그러는데 철수는 아주 똑똑하대. 철수도 오겠대? / 대체 왜 그랬대? -데 : 어제 시험을 봤는데 시험이 아주 어렵데.

≫ -대 : '-다고 해'가 줄어든 말. 남이 말한 내용을 간접적으로 전달함.
의문형 종결 어미.
-데 : '-더라'가 줄어든 말. 화자가 직접 목격한 사실을 말함.

한창 : 가을 숲의 잎이 한창 물들고 있었다. 한참 : 철수는 영희의 눈을 한참 바라보더니 도망갔다.

» 한창 : 가장 활기 있고 왕성하게
한참 : 시간이 상당히 지나는 동안. 오랜 동안

햇빛 : 햇빛에 눈이 부셔서 힘들다. 햇볕 : 양지바른 곳에 앉아 햇볕을 쬐면서 이야기를 나누었다.

» 햇빛 : 해의 빛. 태양 광선
햇볕 : 해에서 내리쬐는 뜨거운 기운.

박혜선 최단기간 어문 규정

PART 04

한글 맞춤법 - 띄어쓰기

PART 04

한글 맞춤법 - 띄어쓰기

제1절 조 사

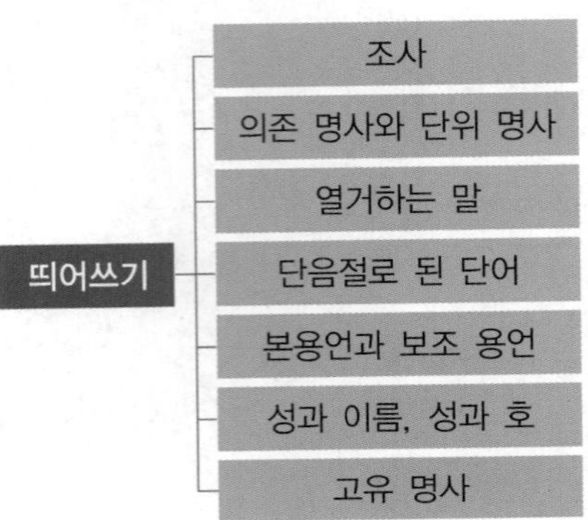

제41항 | 조사는 그 앞말에 붙여 쓴다.

1. 조사의 연속

학교에서처럼, 나에게만이라도, 여기서부터입니다, 아이까지도

2. 어미 뒤 조사

말하면서까지도, 사과하기는커녕*, 먹을게요, 놀라기보다는, 맑군그래*, 오는군요

혜선T만의 Only One 출좋포 1 | 제41항 조사(보조사)

1. 같이 — 예 찐빵같이 생긴 조카
2. 밖에 — 예 철수는 영희밖에 모른다. (없다.)
3. 는커녕 — 예 그는 웃기는커녕 날 보지도 않았다.
4. 그래(그려) — 예 그녀가 이미 떠났네그려.
5. 치고 — 예 처음치고 시험을 잘 보았다.
6. 깨나 — 예 철수는 돈깨나 있겠다.
7. 이나마 — 예 이것이나마 있는 게 다행이다.

8. 라고 예 그녀는 "사랑해"라고 속삭였다.
9. 마다 예 눈이 마주칠 때마다 인사를 했다.

제2절 의존 명사, 단위를 나타내는 명사 및 열거하는 말 등

제42항 | 의존 명사는 띄어 쓴다.

혜선T만의 Only One 출좋포 2 | 제42항 최고 많이 나오는 의존 명사

그가 집을 떠난 지 오래되었다.
그가 10년 만에 돌아왔다.
나를 사랑하는 만큼 원을 크게 그려 봐.
그는 밥을 먹은 데를 기억하지 못한다.
꼬마는 잘 모르겠다는 듯이 눈만 껌벅이고 있었다.

제43항 | 단위를 나타내는 명사는 띄어 쓴다.

사과 한 개 / 금 서 돈 북어 한 쾌 / 조기 한 손
집 두 채 / 연필 한 자루 십이 개월 / 두 시간

혜선T만의 Only One 출좋포 3 | 제43항 순서는 붙일 수 있다.

단위를 나타내는 명사는 띄는 것이 원칙이지만
아래의 순서 명사는 띄는 것이 원칙이나 붙일 수 있다.

1. 제(第), 학년, 층: 띄는 것이 원칙이나 붙여 씀도 허용한다.
   예 제일 과(원칙), 제일과(허용) / 삼 학년(원칙), 삼학년(허용) / 육 층(원칙), 육층(허용)

2. 순간적인 연월일, 시각: 띄는 것이 원칙이나 붙여 씀도 허용한다.
   예 일천구백팔십팔 년 오 월 이십 일(원칙),
   일천구백팔십팔년 오월 이십일(허용)
   두 시 삼십 분 오 초(원칙) / 두시 삼십분 오초(허용)

다만, 흐르는 시간은 무조건 띈다.

예 나라를 구하는 데 일천구백팔십팔 년이 흘렀다.
합격하는 데 오 개월이 걸렸다.
그 사람과 이십 일 사귀었다.
밥을 하는 데 두 시간이 걸렸다.
안 온 지 삼십 분이나 되었다.
오 초 만에 뛰어 와라.

다만, 아라비아 숫자를 나타내는 경우도 붙여 쓸 수 있다.

예 80 원(원칙), 80원(허용) / 10 개(원칙), 10개(허용)
7 미터(원칙), 7미터(허용)

숫자와 함께 쓰이는 '몇, 수' 등은 숫자에 붙여 쓴다.
예 몇백 년, 수천 개

[Q1] 띄어쓰기가 옳은 것에 ○표 하시오.

❶ 열 명 / 열명	❷ 소주 세 병 / 소주 세병
❸ 십팔 세기 / 십팔세기	❹ 개 네 마리 / 개 네마리
❺ 십층 / 십 층	❻ 육학년 / 육 학년
❼ 제삼 장 / 제삼장 / 제 삼장	
❽ 여덟 시 오십구 분 / 여덟시 오십구분	
❾ 여덟 시간 / 여덟시간	
❿ 이천이십일 년 걸렸다. / 이천이십일년 걸렸다.	
⓫ 올해는 이천이십일 년이다. / 올해는 이천이십일년이다.	
⓬ 오 월 이십 일 / 오월 이십일	⓭ 다섯 개월 / 다섯개월
⓮ 종이 100 장 / 종이 100장	⓯ 과자 3 개 / 과자 3개

정답

❶ 열 명 ❷ 소주 세 병
❸ 십팔 세기 ❹ 개 네 마리
❺ 십층, 십 층
❻ 육학년, 육 학년
❼ 제삼 장, 제삼장
❽ 여덟 시 오십구 분, 여덟시 오십구분 ❾ 여덟 시간
❿ 이천이십일 년 걸렸다.
⓫ 올해는 이천이십일 년이다, 올해는 이천이십일년이다.
⓬ 오 월 이십 일, 오월 이십일
⓭ 다섯 개월
⓮ 종이 100 장, 종이 100장
⓯ 과자 3 개, 과자 3개

제44항 | 수를 적을 적에는 '만(萬)' 단위로 띄어 쓴다.

십이억 삼천사백오십육만 칠천팔백구십팔
12억 3456만 7898

제45항 | 두 말을 이어 주거나 열거할 적에 쓰이는 말들은 띄어 쓴다.

국장 겸 과장
사과, 배 등속
이사장 및 이사들
청군 대 백군
책상, 걸상 등이 있다.
열 내지 스물
부산, 광주 등지
사과, 배, 귤 등등

[Q2] 띄어쓰기가 옳은 것에 ○표 하시오.

❶ 청군 대 백군 / 청군대 백군

❷ 국장 겸 과장 / 국장겸 과장

❸ 책상, 걸상 등이 있다. / 책상, 걸상등이 있다.

❹ 사과, 배, 귤 등 등 / 사과, 배, 귤 등등 / 사과, 배, 귤등등

제46항 | 단음절로 된 단어가 연이어 나타날 적에는 붙여 쓸 수 있다.

좀더 큰것　　이말 저말　　한잎 두잎

혜선T만의 Only One 출좋포 4 | 제46항 셋 이상 연속되는 단음절 단어의 띄어쓰기

1. 의미단위를 고려하여 ❶ ______ 개의 음절만 붙일 수 있다.

원칙	허용	×
좀 더 큰 이 새 차	좀더 큰 이 새차	좀더큰 이새차
내 것 네 것	내것 네것	내것네것
물 한 병	물 한병	물한병

2. 아래의 것들은 붙여 쓸 수 없다.

원칙	×
더 못 가.	더못 가. 더 못가. 더못가.
잘 안 와.	잘안 와. 잘 안와. 잘안와.
늘 더 자.	늘더 자. 늘 더자. 늘더자.

정답

❶ 청군 대 백군
❷ 국장 겸 과장
❸ 책상, 걸상 등이 있다.
❹ 사과, 배, 귤 등등

정답

❶ 두

[Q3] **띄어쓰기가 옳은 것에 ○표 하시오.**

❶좀 더 큰 이 새 차 / 좀더 큰 이 새차 / 좀더 큰이 새차
❷내 것 네 것 / 내것 네것
❸물 한 병 / 물 한병 / 물한병 / 물한 병
❹그 옛 차 / 그 옛차 / 그옛 차
❺더 못 가 / 더못 가 / 더 못가
❻잘 안 와 / 잘안 와 / 잘 안와
❼늘 더 자 / 늘더 자 / 늘 더자

정답

❶ 좀 더 큰 이 새 차,
좀더 큰 이 새차
❷ 내 것 네 것, 내것 네것
❸ 물 한 병, 물 한병
❹ 그 옛 차, 그 옛차
❺ 더 못 가 ❻ 잘 안 와
❼ 늘 더 자

제3절 보조 용언

최빈출 亦攷기출

다음 중 띄어쓰기가 옳지 않은 것은? 2019. 서울시 9급(2차)

① 불이 꺼져 간다.
② 그 사람은 잘 아는척한다.
③ 강물에 떠내려 가 버렸다.
④ 그가 올 듯도 하다.

04

해설

떠내려∨가∨버렸다(×) → 떠내려가∨버렸다(○): 이 문장에서 '버리다'는 보조 용언이다. 보조 용언은 띄어 씀을 원칙으로 하되, 경우에 따라 붙여 씀도 허용한다. 다만 앞말이 합성 동사인 경우 그 뒤에 오는 보조 용언은 무조건 띄어 써야 한다. '떠내려가다'는 합성 동사이므로 '떠내려가∨버렸다'로만 써야 한다.

오답풀이 ① '꺼져∨간다'(원칙), 꺼져간다(허용) 모두 인정한다.: '꺼지어 간다'로서 '-아/-어+보조 용언' 구성이므로 띄는 것이 원칙이나 붙여 씀도 허용하는 것이다.
② 아는∨척한다(원칙), 아는척한다(허용) 모두 인정한다.: '척하다'는 보조 용언이다. '보조 용언(의존 명사+-하다/싶다)' 구성이므로 띄는 것이 원칙이나 붙여 씀도 허용하는 것이다.
④ 올∨듯도∨하다(○): [올듯도 하다(×)] 원래 '듯하다'는 하나의 보조 형용사로 붙어 있으나, 의존 명사 '듯' 뒤에 조사가 붙을 때에는 붙여 쓰지 않는다. (올∨만도 ∨하다, 갈∨성도∨싶다.) ▶③

제47항 | 보조 용언은 띄어 씀을 원칙으로 하되, 경우에 따라 붙여 씀도 허용한다.

혜선T만의 Only One 출좋포 5 | 제47항 본용언과 보조 용언의 띄어쓰기

1. 본용언과 보조 용언: 일반적으로 띄는 것이 원칙이다.

2. 본용언과 보조 용언을 붙여 쓰는 것이 허용되는 경우
 (1) 연결어미 '-아/-어'로 연결

원칙(○)	허용(○)
먹어∨보았다.	먹어보았다.
먹어∨간다.	먹어간다.
먹어∨버렸다.	먹어버렸다.

심화 단, 본용언 뒤에 조사가 붙는 경우라면 무조건 띄어야 한다.

원칙(○)	틀림(×)
먹어도∨보았다.	먹어도보았다.
먹어만∨간다.	먹어만간다.

(2) '관형사형 어미+보조 용언(의존 명사+-하다/싶다)'

원칙(○)	허용(○)
아는∨체하다. 올∨듯하다. 겨룰∨만하다.	아는체하다. 올듯하다. 겨룰만하다

심화 단, 의존 명사 뒤에 조사가 붙는 경우라면 앞뒤를 무조건 띄어야 한다.

원칙(○)	틀림(×)
아는∨체를∨한다.	아는체를∨한다. 아는체를한다.
올∨듯도∨하다.	올듯도∨하다. 올듯도하다.
겨룰∨만은∨하다.	겨룰만은∨하다. 겨룰만은하다.

(3) '명사형+보조 용언' 구성

원칙(○)	허용(○)
먹었음∨직하다	먹었음직하다

3. 본용언이 3음절 이상인 복합어 : 무조건 띄어야 한다.

원칙(○)	틀림(×)
공부해∨보아라. 집어넣어∨둔다. 쫓아내∨버렸다. 매달아∨놓는다. 파고들어∨본다.	공부해보아라 집어넣어둔다. 쫓아내버렸다. 매달아놓는다. 파고들어본다.

4. '본-보조-보조'의 구성 : 앞의 '본용언-보조 용언'만 붙여 쓸 수 있다.

원칙(○)	허용(○)	틀림(×)
적어∨둘∨만하다. 읽어∨볼∨만하다. 되어∨가는∨듯하다.	적어둘∨만하다. 읽어볼∨만하다. 되어가는∨듯하다.	적어∨둘만하다. 읽어∨볼만하다. 되어∨가는듯하다

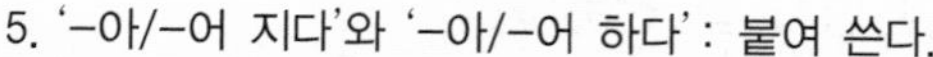

5. '-아/-어 지다'와 '-아/-어 하다' : 붙여 쓴다.

원칙(○)	틀림(×)
낙서가 지워진다. (써진다. 등등) 아기를 예뻐한다. (그리워하다. 등등)	낙서가 지워∨진다. (써∨진다. 등등) 아기를 예뻐∨한다. (그리워∨하다. 등등)

심화 다만, '-아/-어 하다'가 구(句)에 결합 : 띄어 쓴다.

원칙(○)	틀림(×)
먹고∨싶어∨하다. 마음에∨들어∨하다. 내키지∨않아∨하다.	먹고∨싶어하다. 마음에∨들어하다. 내키지∨않아하다.

04

[Q4] 띄어쓰기가 옳은 것에 ○표 하시오.

❶ 집에 (가 보았다, 가보았다).
❷ 일이 (될 법하다, 될법하다).
❸ 그 일은 (할 만하다, 할만하다).
❹ 아는 체하다, 아는체하다
❺ 알은 체하다, 알은체하다(합성어)
❻ 비가 (올 듯도하다, 올 듯도 하다, 올듯도 하다).
❼ 울었음 직하다, 울었음직하다
❽ 직접 (먹어도 보았다, 먹어도보았다).
❾ 그녀가 (도착할 성싶다, 도착할성싶다).
❿ 파고들어 본다, 파고들어본다.
⓫ 공부해 보아라, 공부해보아라
⓬ 집어넣어 둔다, 집어넣어둔다.
⓭ 적어 둘 만하다, 적어둘 만하다, 적어둘만하다, 적어 둘만하다
⓮ 되어 가는 듯하다, 되어가는 듯하다, 되어 가는듯하다

정답

❶ 가 보았다, 가보았다
❷ 될 법하다, 될법하다
❸ 할 만하다, 할만하다
❹ 아는 체하다, 아는체하다
❺ 알은체하다(합성어)
❻ 올 듯도 하다
❼ 울었음 직하다, 울었음직하다
❽ 직접 (먹어도 보았다)
❾ 그녀가 (도착할 성싶다)
❿ 파고들어 본다.
⓫ 공부해 보아라
⓬ 집어넣어 둔다.
⓭ 적어 둘 만하다, 적어둘 만하다
⓮ 되어 가는 듯하다,
되어가는 듯하다

제4절 고유 명사 및 전문 용어

제48항 | 성과 이름, 성과 호 등은 붙여 쓰고, 이에 덧붙는 호칭어, 관직명 등은 띄어 쓴다.

김양수(金良洙)　　　채영신 씨
퇴계 이황(이퇴계)　　　최치원 선생
충무공 이순신(이충무공)

다만, 성과 이름, 성과 호를 분명히 구분할 필요가 있을 경우에는 띄어 쓸 수 있다.

남궁억(원칙) / 남궁 억(허용)
독고준(원칙) / 독고 준(허용)
황보지봉(皇甫芝峰)(원칙) / 황보 지봉(허용)

제49항 | 성명 이외의 고유 명사는 단어별로 띄어 씀을 원칙으로 하되, 단위별로 붙여 쓸 수 있다.
(ㄱ을 원칙으로 하되, ㄴ을 허용함.)

ㄱ(○)	ㄴ(○)
대한 중학교	대한중학교
한국 대학교 사범 대학	한국대학교 사범대학
한국 대학교 의과 대학	한국대학교 의과대학
부속 병원	부속병원

혜선T만의 Only One 출종포 6 | 제49항

산 이름, 강 이름, 산맥 이름, 평야 이름, 고원 이름 등은 굳어진 지명이므로 띄어 쓰지 않는다.

예 북한산, 에베레스트산 / 영산강, 미시시피강 / 소백산맥, 알프스산맥
나주평야, 화베이평야 / 개마고원, 티베트고원

[Q5] 띄어쓰기가 옳은 것에 ○표 하시오.

❶ 박혜선, 박 혜선, 박혜선 씨, 박혜선씨	
❷ 이퇴계, 이 퇴계	
❸ 알프스산맥, 알프스 산맥	❹ 티베트고원, 티베트 고원
❺ 미시시피강, 미시시피 강	
❻ 한국 대학교 의과 대학 부속 병원, 한국대학교 의과대학 부속병원, 한국대학교의과대학 부속병원	

제50항 | 전문 용어는 단어별로 띄어 씀을 원칙으로 하되, 붙여 쓸 수 있다. (ㄱ을 원칙으로 하되, ㄴ을 허용함.)

ㄱ(○)	ㄴ(○)
만성 골수성 백혈병	만성골수성백혈병
중거리 탄도 유도탄	중거리탄도유도탄

혜선T만의 Only One 출좋포 7 | 제50항 붙여야 하는 어미와 접사

1. 어미
   ① ㄹ수록 예 사랑할수록 니가 미워진다.
   ② ㄹ뿐더러 예 합격하면 돈도 벌뿐더러 편하다.
   ③ 고말고(다마다) 예 그럼! 가고말고(가다마다)
   ④ ㄹ망정 예 죽을망정 기다리겠다

2. 접두사
   제(第) : '그 숫자에 해당되는 차례'의 뜻을 더하는 접두사
   예 제일 차 세계대전 / 제3 분과

3. 접미사
   ① 여(餘) : '그 수를 넘음'의 뜻을 더하는 접미사
   예 이십여 년을 기다렸다.
   ② 순(順) : '차례'의 뜻을 더하는 접미사
   예 도착순, 나이순, 키순, 성적순, 가나다순
   ③ 차(次) : '목적'의 뜻을 나타내는 접미사
   예 인사차 방문하다, 연구차 외유하다,
   사업차 지방 출장을 가다.

❶ 박혜선, 박혜선 씨 ❷ 이퇴계
❸ 알프스산맥 ❹ 티베트고원
❺ 미시시피강
❻ 한국 대학교 의과 대학 부속 병원
한국대학교 의과대학 부속병원

④ 꼴 : '그 수량만큼 해당함'의 뜻을 더하는 접미사
예 100원꼴로 가져가라.

⑤ 당(當) : '마다'의 뜻을 더하는 접미사
예 고등어가 마리당 삼천 원입니다.

⑥ 백 : '말씀드리다'는 뜻을 더하는 접미사
예 주인백

⑦ 가량(假量) : '정도'의 뜻을 더하는 접미사
예 10%가량, 한 시간가량, 30세가량

⑧ 짜리 : '그만한 수나 양을 가진 것' 또는 '그만한 가치를 가진 것'의 뜻을 더하는 접미사
예 열 살짜리 아이가 울고 있었다.

⑨ 어치 : '그 값에 해당하는 분량'의 뜻을 더하는 접미사
예 한 푼어치 없는 녀석

⑩ 상(上) : '그것과 관계된 입장' 또는 '그것에 따름'의 뜻을 더하는 접미사
예 관계상 / 절차상 / 사실상 / 외관상, 인터넷상 / 지구상의 생물

⑪ 하(下) : '그것과 관련된 조건이나 환경'의 뜻을 더하는 접미사
예 식민지하, 원칙하, 지배하

⑫ 씩 : '그 수량이나 크기로 나뉘거나 되풀이됨'의 뜻을 더하는 접미사
예 하나씩 먹어라.

혜선T만의 Only One 출좋포 8 | 출제 순위로 보는 빈출 띄어쓰기

1. 1순위 빈출 띄어쓰기

만	의존 명사	시간, 거리, 횟수를 나타내는 말 예 떠난 지 사흘 만에 돌아왔다. 세 번 만에 시험에 합격했다.
	조사	• 다른 것으로부터 제한하여 어느 것을 한정함. 예 하나만 알고, 둘은 모른다. 이것은 그것만 못하다. • 앞말이 나타내는 정도에 달함. 예 집채만 한 파도가 몰려온다. 청군이 백군만 못하다. 안 가느니만 못하다.

기타 의존 명사의 띄어쓰기
★ • 그곳에 갈 수 있다.
★ • 학교에 갈 줄 안다.
• 네 따위가 뭘 안다고
• 그럴 리가 없다.
• 이게 다 너 때문이다.
★ • 여행 시 주의 사항
• 내 딴은 모두 설명했다.
★ • 학기 초, 학기 말
★ • 시간 내, 필기도구 외
• 얼이 빠진 양 구경하다.
• 노루를 산 채로 잡았다.
• 잘난 체(척)하다.
• 토할 듯 말 듯
• 좋을 터인데.

지	의존 명사	지금까지의 동안을 나타냄. (시간의 경과) 예 그를 만난 지도 꽤 오래되었다. 집을 떠나온 지 어언 3년이 지났다.
	어미	어미의 일부(-ㄴ지, -ㄹ지) 예 집이 큰지 작은지 모르겠다. 어떻게 해야 할지 모르겠다.
데	의존 명사	'곳'이나 '장소', '일'이나 '것', '경우'의 뜻을 나타냄. 예 지금 가는 데가 어디인데? 그 책을 다 읽는 데 삼 일이 걸렸다. 사람을 돕는 데 애 어른이 어디 있겠습니까? 머리 아픈 데 먹는 약 이 그릇은 귀한 거라 손님을 대접하는 데 쓴다.
	어미	연결 또는 종결 어미로 쓰이는 '-ㄴ데' 예 여기가 우리 고향인데 인심 좋고 경치 좋은 곳이지. 나무가 정말 큰데 대체 몇 살인 걸까?
바	의존 명사	'~니까'를 넣었을 때 말이 안 됨. 예 평소에 느낀 바를 말해라. 어찌할 바를 모르다. 어차피 매를 맞을 바에는 먼저 맞겠다.
	어미	'~니까'를 넣었을 때 말이 됨. 예 서류를 검토한바 몇 가지 미비한 사항이 발견되었다. 그는 나와 동창인바 그를 잘 알고 있다. 너의 죄가 큰바 응당 벌을 받아야 한다.
망정	의존 명사	괜찮거나 잘된 일이라는 뜻을 나타냄. 예 그 집은 마침 네 눈에 띄었기에 망정이다.
	어미	'-ㄹ망정' 연결 어미 예 머리는 나쁠망정 손은 부지런하다.

'같은'은 '같다'의 활용형이므로 반드시 띄어야 한다.

같이	부사격 조사	체언 뒤 예 얼음장같이 차가운 방바닥 눈같이 흰 박꽃
	부사	뒤의 용언을 수식 예 친구와 같이 사업을 하다. 모두 같이 갑시다.
밖에	보조사	'그것 말고는', '그것 이외에는', '피할 수 없는'의 뜻을 지님. (보통 뒤에 부정어가 옴) 예 공부밖에 모르는 학생. 널 사랑할 수밖에 없다.
	명사+조사	'바깥'을 넣었을 때 말이 됨. 예 교실 밖에 그가 와 있다. 시험 범위 밖에 있는 단원이다.
	어미	-ㄹ밖에(='-ㄹ 수밖에'의 준말) 예 선생님이 시키는데 할밖에 없다. 어른들이 다 가시니 나도 갈밖에.
씨(氏)	의존 명사	특정인 뒤 예 그 일은 김 씨가 맡기로 했네. 길동 씨, 홍길동 씨
	접미사	'그 성씨 자체', '그 성씨의 가문이나 문중' 예 김씨, 이씨, 박씨 부인
간(間)	의존 명사	'한 대상에서 다른 대상까지의 사이'나 '둘 사이' 또는 '어느 경우든지 관계없이'의 뜻을 나타냄. 예 서울과 광주 간 열차 / 부모 자식 간에 / 음식을 먹든지 말든지 간에
	합성어	부부간, 부자간, 부녀간, 모자간, 모녀간 / 고부간 / 형제간, 자매간, 동기간, 인척간 / 피차간, 좌우간, 조만간, 국제간, 천지간
	구	부모∨간, 자식∨간(혈육∨간) 친구∨간, 친척∨간 국가∨간, 남녀∨간
	접미사	'동안'의 뜻을 나타냄. 예 이틀간 / 한 달간

2. 자주 나오는 한 글자 띄어쓰기

시	의존 명사	(일부 명사나 어미 '-을' 뒤에 쓰여) 어떤 일이나 현상이 일어날 때나 경우 예 비행 시에는 휴대 전화를 사용하면 안 된다. 규칙을 어겼을 시에는 처벌을 받는다. 여행 시 주의사항
	접미사	'그렇게 여김.'·'그렇게 봄.'의 뜻을 나타냄. 예 등한시, 백안시, 적대시
초(初)	의존 명사	어떤 기간의 처음이나 초기 예 학기 초, 조선 초, 20세기 초, 내년 초
중(中)	의존 명사	1. 여럿의 가운데 2. 무엇을 하는 동안 예 회의 중, 건설 중 / 꽃 중의 꽃 / 임신 중, 수감 중 / 그는 오늘내일 중으로 출국할 예정이다. / 공기 중에 떠다니는 바이러스
	합성어	예 무의식중 / 한밤중 / 은연중 / 부재중
말(末)	의존 명사	어떤 기간의 끝이나 말기 예 학기 말, 조선 말, 20세기 말, 내년 말
내(內)	의존 명사	일정한 범위의 안 예 범위 내, 건물 내, 일주일 내
	부사 파생 접미사	그 기간의 처음부터 끝까지 예 봄내, 여름내, 저녁내
외(外)	의존 명사	일정한 범위나 한계를 벗어남. 예 그 외에 다른 것은 필요 없다. 병실에 가족 외의 사람은 출입을 제한한다.
판	의존 명사	승부를 겨루는 일을 세는 단위성 의존 명사 예 바둑 한 판 두자. 장기를 세 판이나 두었다.
	합성어	예 노름판 / 씨름판 / 웃음판

차(次)	의존 명사	• '-던 차에', '-던 차이다' 구성으로 쓰이는 의존 명사 예 고향에 갔던 차에 선을 보았다. 마침 가려던 차였다. • (주로 한자어 수 뒤에 쓰여) '번', '차례'의 뜻을 나타냄. 예 제일 차 세계 대전 그들은 선생님 댁을 수십 차 방문했다. • (일정한 기간을 나타내는 명사구 뒤에 쓰여) 주기나 경과의 해당 시기를 나타냄. 예 입사 3년 차 결혼 10년 차에 내 집을 장만했다.
	접미사	체언 뒤에서 목적의 뜻을 나타냄. 예 인사차 들렀다. / 사업차 왔다. 연구차 입학했다.

3. 원리만 알면 쉬운 띄어쓰기

만큼	의존 명사	관형사형 어미 '-는/ㄴ/ㄹ/던' 뒤 예 볼 만큼 보았다. / 애쓴 만큼 얻는다.
	조사	체언 뒤 예 중학생이 고등학생만큼 잘 안다. 키가 전봇대만큼 크다.
듯	의존 명사	관형사형 어미 '-는/ㄴ/ㄹ/던' 뒤 예 아기는 아버지를 빼다 박은 듯 닮았다. 잠을 잔 듯 만 듯 정신이 하나도 없다. 안타깝게도 수돗물은 나올 듯 나올 듯 하면서도 나오지 않았다.
	어미	어간 바로 뒤 예 땀이 비 오듯 하다. 그는 물 쓰듯 돈을 쓴다. 내가 전에도 말했듯 저 앤 정말 공을 잘 차.

대로	의존 명사	관형사형 어미 '-는/ㄴ/ㄹ/던' 뒤 예 아는 대로 말한다. 예상했던 대로 시험 문제는 까다로웠다.
	조사	체언 뒤 예 법대로 / 약속대로
뿐	의존 명사	• 관형사형 어미 '-는/ㄴ/ㄹ/던' 뒤 예 웃을 뿐이다. / 만졌을 뿐이다. • ('-다 뿐이지' 구성으로 쓰여) 오직 그렇게 하거나 그러하다는 것을 나타내는 말 예 이름이 나지 않았다 뿐이지 참 성실한 사람이다.
	조사	체언이나 부사어 뒤 예 남자뿐이다 / 셋뿐이다 학교에서뿐만 아니라 집에서도
들	의존 명사	두 개 이상의 사물을 열거하는 구조에서 '그런 따위'란 뜻을 나타냄. 예 쌀, 보리, 콩, 조, 기장 들을 오곡(五穀)이라 한다.
	접미사	체언 뒤 예 남자들 / 학생들

4. 준말의 띄어쓰기

거	의존 명사	건(것은), 거야(것이야), 게(것이), 걸(것을) 예 내가 갈 걸(=것을) 알고 있었어? 나에게 좀 줘봐. 맛있게 먹을 걸(=것을). 나 그 일을 할 거야(=것이야) 말할 게(=것이) 그뿐이니?
	어미	'-ㄹ걸'의 일부 (추측, 후회) 예 혜선 쌤 돼지라서 지금 밥 먹을걸. 처음부터 혜선 쌤 강의 들을걸.
터	의존 명사	(어미 '-을' 뒤에 쓰여) '예정'이나 '추측', '의지'의 뜻을 나타냄. 예 내일 갈 터이니(=테니) 그리 알아라. 시장할 터인데(=텐데) 어서 들어라.

혜선T만의 Only One 출좋포 9 | 자주 나오는 구와 합성어의 띄어쓰기

1. '한 번' '한번' : '두 번'을 넣었을 때 문장의 의미가 어색해지면 '한번'이 옳다.

구(한 번)	합성어(한번)
• 한 번 두 번 하다 보면 실력이 늘 것이다.	≫ '두 번'을 넣었을 때 이상함. • 한번은 그런 일도 있었지. (「명사」 지난 어느 때나 기회) • 이 문제를 한번 잘 생각해 봐. (「부사」 어떤 일을 시험 삼아 시도함을 나타내는 말) • 시간 날 때 낚시나 한번 갑시다. (「부사」 기회 있는 어떤 때에) • 동네 인심 한번 고약하구나. (「부사」 어떤 행동이나 상태를 강조하는 뜻을 나타내는 말) • 한번 먹으면 멈출 수 없는 맛이다. (「부사」 일단 한 차례)

2. '안 되다' '안되다' : 제3의 의미를 갖는 '안되다'

<table>
<tr><th>구(안 되다)</th><th colspan="2">합성어(안되다)</th></tr>
<tr><td rowspan="5">• 철수는 연예인이 안 되었다.
≫ **100% 되지 않는 경우**

• 조용히 해야 하니 말하면 안 돼
≫ **금지의 의미**</td><td rowspan="3">동사</td><td>• 공부가 안돼서 잠깐 쉬고 있다.
(현상, 물건 따위가 좋게 이루어지지 않다.)</td></tr>
<tr><td>• 학생이 안되기를 바라는 선생님은 없다.
(사람이 훌륭하게 되지 못하다.)</td></tr>
<tr><td>• 우리 중 안되어도 세 명은 합격할 것 같다.
(일정한 수준이나 정도에 이르지 못하다.)</td></tr>
<tr><td rowspan="2">형용사</td><td>• 그것참, 안됐군.
(섭섭하거나 가엾어 마음이 언짢다.)</td></tr>
<tr><td>• 몸살을 앓더니 얼굴이 많이 안됐구나.
(근심이나 병 따위로 얼굴이 많이 상하다.)</td></tr>
</table>

3. '잘 되다' '잘되다' : 제3의 의미를 갖는 '잘되다'

구(잘 되다)	합성어(잘되다)
철수는 연예인이 웬일로 잘 되었다. ≫ 100% 되는 경우	• 농사가 잘되다. (「동사」 일, 현상, 물건 따위가 좋게 이루어지다.) • 선생님은 늘 학생이 잘되기를 바란다. (「동사」 사람이 훌륭하게 되다.) • 우리 중 잘되어야 두 명만이 합격할 수 있다. (「동사」 일정한 수준이나 정도에 이르다.) • 운전면허 시험에 떨어졌다고 하자 사촌 오빠는 잘됐다며 약을 올렸다. (「동사」(반어적으로) 결과가 좋지 아니하게 되다.))

4. '못 되다' '못되다' : 제3의 의미를 갖는 '못되다'

구(못 되다)	합성어(못되다)
갑자기 나타나는 것을 보니 양반은 못 되는구나. ≫ 100% 되지 않는 경우	• 못되게 굴다. (「형용사」 성질이나 품행 따위가 좋지 않거나 고약하다.) • 그 일이 못된 게 남의 탓이겠어. (「형용사」 일이 뜻대로 되지 않은 상태에 있다.)

5. '못 하다' '못하다' : 제3의 의미를 갖는 '못하다'

구(못 하다)	합성어(못하다)
목이 아파서 노래를 못 했다. ≫ **그 순간 못 하는 경우**	• 노래를 못한다. (「동사」 어떤 일을 일정한 수준에 못 미치게 하거나, 그 일을 할 능력이 없다.) • 음식 맛이 예전보다 못하다. (「형용사」 비교 대상에 미치지 아니하다.) • 잡은 고기가 못해도 열 마리는 되겠지. (「형용사」 아무리 적게 잡아도) • 그는 그녀를 기다리지 못하였다. ('-지 못하다'의 구성)

6. '잘 하다' '잘하다' : 제3의 의미를 갖는 '잘하다'

구(잘 하다)	합성어(잘하다)
목이 나아서 노래방에서 노래를 잘 하다 ≫ **그 순간 잘 하는 경우**	• 공부를 잘하다. (「동사」 좋고 훌륭하게 하다.) • 그러기에 평소 처신을 잘해야지. (「동사」 옳고 바르게 하다.) • 우리 집 식구들은 외식을 잘한다. (「동사」 버릇으로 자주 하다.) • 잘한다! 이제 어떻게 수습할래? (「동사」 (반어적으로) 하는 짓이 못마땅하다는 뜻을 나타낸다.) • 잘하면 올해도 풍년이 들겠다. (「동사」 '운이나 여건 따위가 좋으면', '여차하면'의 뜻을 나타낸다.) • 이 정도 물건이라면 잘해서 3,500원이면 살 수 있다. (「동사」 넉넉잡아서) • 부모에게 잘하다. (「동사」 친절히 성의껏 대하다.)

'합성어'에 '같다'가 있으면 붙여 쓴다.

예 한결같다, 전반같다, 꿈같다, 불같다, 감쪽같다, 쏜살같다, 굴뚝같다, 실낱같다, 철석같다, 찰떡같다

7. '라고', '하고' : '라고'는 인용을 나타내는 조사이므로 붙여 쓰고, '하고'는 용언 '하다'의 활용형이므로 띄어 쓴다.

예 그녀는 "사랑해"라고 속삭였다. / 그녀는 "사랑해" 하고 속삭였다.

8. 아주 헷갈리는 띄어쓰기 모음

구	합성어
	★**그동안** / 이때, 그때, 접때 / 이날, 그날, 저날 ★**이분, 그분, 저분, 여러분** 이이, 그이, 저이 이자, 그자, 저자 이곳, 그곳, 저곳 이쪽, 그쪽, 저쪽 이편, 그편, 저편 **이만큼, 그만큼, 저만큼**
★아무것(대명사)/ 어느새	아무∨사람, 어느∨곳
★그∨밖, 집∨밖,	★창밖, 문밖, 뜻밖
동굴∨속, 학교∨속	★굴속, 물속, 꿈속, 마음속, 가슴속, 숲속, 산속, 땅속, 몸속, 귓속, 뱃속, 머릿속,
★정처∨없다, 후회∨없다, 미련∨없다	★주책없다, 시름없다, 쓸데없다, 보잘것없다, 속절없다, 관계없다, 상관없다, 하잘것없다, 꾸밈없다, 끊임없다, 거침없다, 그지없다, 끄떡없다, 끊임없다, 두말없다, 빈틈없다, 버릇없다, 빠짐없다, 사정없다, 소용없다, 아낌없다, 어림없다, 어처구니없다, 영락없다, 온데간데없다, 올데갈데없다, 인정사정없다, 힘없다, 열없다
★아는∨체하다 (=척하다) (단, '아는체하다'는 허용)	★알은체, 알은척 알은체하다 / 알은척하다

★지난∨계절	★지난봄, 지난여름, 지난가을, 지난겨울 지난주, 지난날, 지난밤
이번∨주, 다음∨주, 저번∨주	다음번
새∨옷	새색시(새로 시집온 여자), 새집(새로 지은 집)
큰∨집, 작은∨집	★큰집(맏형의 집), 작은집(아우의 집)
별∨볼일	볼일, 별일
	앞서가다, 뒤로하다, 쩔쩔매다, 농사짓다
	★찾아보다, 찾아오다 알아보다, 알아주다 돌아오다, 돌아가다 걸어오다, 걸어가다 놀아나다, 놀아먹다 굴러오다, 굴러가다, 굴러먹다
	★도와주다－도와드리다 데려다주다－모셔다주다 ★물어보다－여쭈어보다 ★가져다주다－가져다드리다 알아주다－알아드리다 빌려주다－빌려드리다 건네주다－건네드리다 놓아주다－놓아드리다 돌려주다－돌려드리다 밀어주다－밀어드리다 몰라뵈다, 몰라뵙다 ≫ '-주다'와 결합한 단어가 사전에 등재되어 있는 경우, 이에 대응하는 '드리다'가 합성어로 등재되지 않았더라도 앞말에 붙여 쓴다.
갖은∨고생	갖은것, 갖은양념
외딴∨학교	외딴섬, 외딴집, 외딴길
집채만∨하다	본척만척하다, 대문짝만하다

혜선T만의 Only One 출좋포 10 | 지울 수 있는 샤프나 연필로 답을 쓰시오.

1. 무조건 나오는 "의존 명사 vs 조사" 구별

≫ 의존 명사 : 앞에 용언의 관형사형이 와서 꾸며 줌.
조사 : 앞에 체언이 와서 결합되어 있음.

1. 날 사랑하는 만큼 널 사랑해. / 나만큼 널 사랑해.
(❶) (❷)

2. 내가 하는 대로 따라해 봐. / 나대로 하고 있어.
(❸) (❹)

3. 열심히 공부했을 뿐이다. / 너뿐이다.
(❺) (❻)

4. 너를 본 지 3년 만이다. /
(❼)
전교 1등이면 그렇게 공부할 만도 하다.
(❽)

5. 너만 생각하니? / 너를 생각하는 마음이 집채만 하다.
(❾) (❿)

2. 무조건 나오는 "의존 명사 vs 어미" 구별

≫ 의존 명사 : 앞에 용언의 관형사형이 와서 꾸며 줌.
어미 : 앞에 용언의 어간이 결합되어 있음.

1. 그릇까지 먹을 듯이 / 거짓말을 밥 먹듯이 하는 그녀
(⓫) (⓬)

2. 저번에 떡볶이 먹은 데가 어디지? / 거기 맛있었는데 또 가자.
(⓭) (⓮)

3. 이 돈은 유학 가는 데 쓰일 것이다. / 밥은 있는데 반찬이 없네.
(⓯) (⓰)

4. 가출한 지 3년 지났다. /
(⓱)
가출이 얼마나 힘들었는지 폭삭 늙었다.
(⓲)

5. 이번에는 내가 한다마는, 다음에는 니가 하렴.
(⓳)

3. 무조건 나오는 "의존 명사 vs 접미사" 구별

≫ 의존 명사 : 둘 이상의 사물을 나열한 경우
접미사 : 하나의 사물이 여러 개임을 의미하는 경우

1. 사과, 배, 딸기 들을 좋아한다. / 저기 사과들이 먹고 싶다.
(⓴) (㉑)

정답

1.
❶ 의존 명사 ❷ 조사
❸ 의존 명사 ❹ 조사
❺ 의존 명사 ❻ 조사
❼ 의존 명사 ❽ 의존 명사
❾ 조사 ❿ 조사

2.
⓫ 의존 명사 ⓬ 어미
⓭ 의존 명사 ⓮ 어미
⓯ 의존 명사 ⓰ 어미
⓱ 의존 명사 ⓲ 어미
⓳ 어미

3.
⓴ 의존 명사 ㉑ 접미사

MEMO

박혜선 최단기간 어문 규정

PART 05

로마자 표기법

PART 05

로마자 표기법

제1장 표기의 기본 원칙

제1항 | 국어의 로마자 표기는 국어의 표준 발음법에 따라 적는 것을 원칙으로 한다.

제2항 | 로마자 이외의 부호는 되도록 사용하지 않는다.

전자법
철자 그대로 로마자를 표기함.

전음법
발음을 반영하여 로마자를 표기함.
전사법 → 국어의 로마자 표기법

제2장 표기 일람

제1항 | 모음은 다음 각호와 같이 적는다.

1. 단모음

ㅏ	ㅓ	ㅗ	ㅜ	ㅡ	ㅣ	ㅐ	ㅔ	ㅚ	ㅟ
a	eo	o	u	eu	i	ae	e	oe	wi

2. 이중 모음

ㅑ	ㅕ	ㅛ	ㅠ	ㅒ	ㅖ	ㅘ	ㅙ	ㅝ	ㅞ	ㅢ
ya	yeo	yo	yu	yae	ye	wa	wae	wo	we	ui

제2항 | 자음은 다음 각호와 같이 적는다.

1. 파열음

ㄱ	ㄲ	ㅋ	ㄷ	ㄸ	ㅌ	ㅂ	ㅃ	ㅍ
g, k	kk	k	d, t	tt	t	b, p	pp	p

2. 파찰음

ㅈ	ㅉ	ㅊ
j	jj	ch

3. 마찰음

ㅅ	ㅆ	ㅎ
s	ss	h

4. 비음

ㄴ	ㅁ	ㅇ
n	m	ng

5. 유음

ㄹ
r, l

붙임 1 'ㄱ, ㄷ, ㅂ'은 모음 앞에서는 'g, d, b'로, 자음 앞이나 어말에서는 'k, t, p'로 적는다. ([ ] 안의 발음에 따라 표기함.)

구미 Gumi
백암[배감] Baegam
합덕 Hapdeok★
월곶[월곧] Wolgot★
한밭[한받] Hanbat★
영동 Yeongdong★
옥천 Okcheon
호법 Hobeop
벚꽃[벋꼳] beotkkot★

붙임 2 'ㄹ'은 모음 앞에서는 'r'로, 자음 앞이나 어말에서는 'l'로 적는다. 단, 'ㄹㄹ'은 'll'로 적는다.'

구리 Guri
칠곡 Chilgok
울릉 Ulleung★
설악 Seorak★
임실 Imsil
대관령[대괄령] Daegwallyeong★

'ㄲ, ㄸ, ㅃ'는 'gg, dd, bb'가 아니라 'kk, tt, pp'로 표기하여야 한다.
예 떡볶이 tteokbokki
꽃 kkot

'꺾기'의 로마자 표기법
정답 : kkeokgi
1. '꺾기'의 첫소리 'ㄲ'은 본래가 된소리이므로 'kk'로 적는다.
2. '꺾기'의 받침 'ㄲ'은 받침 'ㄱ'으로 소리나므로 'k'로 표기한다.
3. '기'의 'ㄱ'은 모음 앞에서는 'g'로 표기한다.

단, '꺾기'의 '기'가 '끼'로 발음이 되더라도, 'kki'로 적어서는 안 된다. 된소리되기는 표기에 반영되지 않기 때문이다.

[Q1] 다음 중 바른 로마자 표기에 ○표 하시오.

❶ 구미 Gumi, Kumi

❷ 영동 Yeongdong, Yeongtong

❸ 백암 PaeKam, Baegam, Baekam

❹ 옥천 Okcheon, Ogcheon

❺ 호법 Hopeob, Hobeop, Hopeop

❻ 합덕 Haptteok, Hapteok, Hapddeok, Hapdeok

❼ 벚꽃 beotkkot, beotggot, peotkkod

❽ 월곶 Wolkot, Wolgot, Wolgoj

❾ 구리 Guri, Guli, Kuri, Kuli

❿ 한밭 Hanpat, Hanbat, Hanbad

⓫ 칠곡 Chilgok, Chilkok, Chilkog

⓬ 설악 Seolak, Seorak, Seollak, Seorag

⓭ 울릉 Ulreung, Ulleung

⓮ 임실 Imsil, Imsir

⓯ 대관령 Daegwalryeong, Taegwallyeong, Daegwallyeong, Taegwalryeong

음운 변화의 결과가 표기에 반영되는 경우

1. 비음화, 유음화, 구개음화
   → '동화'는 표기에 반영된다.
2. ㄴ첨가
3. 용언의 ㅎ축약
   (단, 체언에서는 일어나지 않음.)

정답

❶ Gumi ❷ Yeongdong
❸ Baegam ❹ Okcheon
❺ Hobeop ❻ Hapdeok
❼ beotkkot ❽ Wolgot
❾ Guri ❿ Hanbat
⓫ Chilgok ⓬ Seorak
⓭ Ulleung ⓮ Imsil
⓯ Daegwallyeong

제3장 표기상의 유의점

제1항 | 음운 변화가 일어날 때에는 변화의 결과에 따라 다음 각 호와 같이 적는다.

1. 자음 사이에서 동화 작용이 일어나는 경우

백마[뱅마] Baengma★ 신문로[신문노] Sinmunno★
종로[종노] Jongno★ 왕십리[왕심니] Wangsimni★
별내[별래] Byeollae★ 신라[실라] Silla★

2. 'ㄴ, ㄹ'이 덧나는 경우

학여울[항녀울] Hangnyeoul★
알약[알략] allyak★

3. 구개음화가 되는 경우

해돋이[해도지] haedoji★　같이[가치] gachi★
굳히다[구치다] guchida

4. 'ㄱ, ㄷ, ㅂ, ㅈ'이 'ㅎ'과 합하여 거센소리로 소리 나는 경우

좋고[조코] joko★　놓다[노타] nota
잡혀[자펴] japyeo　낳지[나치] nachi

다만, 체언에서 'ㄱ, ㄷ, ㅂ' 뒤에 'ㅎ'이 따를 때에는 'ㅎ'을 밝혀 적는다.

묵호 Mukho★　집현전 Jiphyeonjeon★

붙임 된소리되기는 표기에 반영하지 않는다.

압구정 Apgujeong★　낙동강 Nakdonggang★
죽변 Jukbyeon　낙성대 Nakseongdae★
합정 Hapjeong★　팔당 Paldang
샛별 saetbyeol★　울산 Ulsan

혜선T만의 Only One 출좋포 1 | 제1항 음운 변화의 결과가 표기에 반영되지 않는 경우

1. ❶ ________는 반영하지 않는다
2. ❷ ________의 'ㅎ' 축약은 표기에 반영하지 않는다.
3. 자음을 초성으로 가지는 '❸ ______'는 [❹ ______]로 발음이 되어도 항상 '❺ ______'로 표기한다.

정답

❶ 된소리되기 ❷ 체언 ❸ ㅢ
❹ ㅣ ❺ ui

[Q2] 다음 중 바른 로마자 표기에 ○표 하시오.

❶ 백마 Baengma, Baekma
❷ 신문로 Sinmunro, Sinmunno
❸ 종로 Jongro, Jongno
❹ 왕십리 Wangsimni, Wangsipni, Wangsipri
❺ 별내 Byeollae, Byeolnae
❻ 신라 Sinla, Silla, Sinna
❼ 협력 hyeopnyeok, hyeopryeok, hyeomnyeok
❽ 답십리 Dapsipni, Dapsip-ri, Dapsimni
❾ 한여름 hanyeoreum, hannyeoreum
❿ 교육열 gyoyungnyeol, gyoyuknyeol, gyoyungyeol
⓫ 식용유 sigyongnyu, sikyongyu, sigyongyu, sikyongnyu, singnyongnyu
⓬ 눈요기 nunyogi, nunnyogi
⓭ 학여울 Hangnyeoul, Haknyeoul, Hagyeoul
⓮ 알약 alyak, aryak, allyak
⓯ 해돋이 haedoji, haedodi, hedoji
⓰ 같이 gachi, gati
⓱ 굳히다 guthida, guchida
⓲ 노랗게 norake, norahge
⓳ 좋고 johgo, johko, joko
⓴ 놓다 nota, nohda, nohta
㉑ 잡혀 japhyeo, japyeo
㉒ 낳지 nahji, nachi
㉓ 묵호 Mukho, Muko
㉔ 집현전 Jiphyeonjeon, Jipyeonjeon
㉕ 광희문 Gwanghuimun, Gwanghimun, Gwanguimun, Gwangimun
㉖ 전화 jeonhwa, jeonwa
㉗ 오죽헌 Ojukeon, Ojukheon
㉘ 각희 gakhui, kakhui, gakui, kakui
㉙ 압구정 Apgujeong, Apggujeong, Apkkujeong
㉚ 낙동강 Nakddonggang, Nakttonggang, Nakdonggang
㉛ 죽변 Jukbbyeon, Jukppyeon, Jukbyeon
㉜ 낙성대 Naksseongdae, Nakseongdae
㉝ 합정 Hapjeong, Hapjjeong
㉞ 팔당 Paldang, Palddang, Palttang
㉟ 샛별 saetbyeol, saetbbyeol, saetppyeol, setbyeol
㊱ 울산 Ulssan, Ulsan

정답

❶ Baengma ❷ Sinmunno
❸ Jongno ❹ Wangsimni
❺ Byeollae ❻ Silla
❼ hyeomnyeok ❽ Dapsimni
❾ hannyeoreum
❿ gyoyungnyeol
⓫ sigyongnyu ⓬ nunnyogi
⓭ Hangnyeoul ⓮ allyak
⓯ haedoji ⓰ gachi
⓱ guchida ⓲ norake
⓳ joko ⓴ nota ㉑ japyeo
㉒ nachi ㉓ Mukho
㉔ Jiphyeonjeon
㉕ Gwanghuimun ㉖ jeonhwa
㉗ Ojukheon ㉘ gakhui
㉙ Apgujeong
㉚ Nakdonggang
㉛ Jukbyeon
㉜ Nakseongdae
㉝ Hapjeong ㉞ Paldang
㉟ saetbyeol ㊱ Ulsan

제2항 | 발음상 혼동의 우려가 있을 때에는 음절 사이에 붙임표(-)를 쓸 수 있다.

중앙 Jung-ang★
'준강'과 구별

반구대 Ban-gudae★
'방우대'와 구별

세운 Se-un★
'슨'과 구별

해운대 Hae-undae★
'하은대'와 구별

제3항 | 고유 명사는 첫 글자를 대문자로 적는다.

부산 Busan　　세종 Sejong

제4항 | 인명은 성과 이름의 순서로 띄어 쓴다. 이름은 붙여 쓰는 것을 원칙으로 하되 음절 사이에 붙임표(-)를 쓰는 것을 허용한다. [( ) 안의 표기를 허용함.]

민용하 Min Yongha(Min Yong-ha)★
송나리 Song Nari(Song Na-ri)★

4. 인명(人名)은 음운 변동을 인정하지 않으므로 한 음절씩 끊어서 발음한 것을 표기한다.
5. 붙임표(-) 앞뒤의 음운 변화는 표기에 반영하지 않는다.

혜선T만의 Only One 출좋포 2 | 제4항 이름의 표기

1. ❶ ____________에서 일어나는 음운 변화는 표기에 반영하지 않는다.(❷ ____________________은 적용함.)

한복남 Han Boknam(Han Bok-nam)★
홍빛나 Hong Bitna(Hong Bit-na)★

2. 성과 ❸ ______은 띄되, ❸ ______ 내부에서는 모두 붙여 쓰기 해야 한다. (단 이름 내부에 ❹ __________ 쓸 수 있음.)

❶ 이름 ❷ 음절의 끝소리 규칙
❸ 이름 ❹ 붙임표

[Q3] **다음 중 바른 로마자 표기에 ○표 하시오.**

❶ 민용하	Min Yongha, Min Yong-ha, MinYongha, MinYong-ha
❷ 한복남	Han Bongnam, Han Bong-nam, Han Boknam, Han Bok-nam
❸ 홍빛나	Hong Binna, Hong Bin-na, Hong Bichna, Hong Bich-na, Hong Bitna, Hong Bit-na

제5항 | '도, 시, 군, 구, 읍, 면, 리, 동'의 행정 구역 단위와 '가'는 각각 'do, si, gun, gu, eup, myeon, ri, dong, ga'로 적고, 그 앞에는 붙임표(-)를 넣는다. 붙임표(-) 앞뒤에서 일어나는 음운 변화는 표기에 반영하지 않는다.

충청북(도) Chungcheongbuk-do
제주(도) Jeju-do
의정부(시) Uijeongbu-si
양주(군) Yangju-gun★
도봉(구) Dobong-gu
신창(읍) Sinchang-eup★
삼죽(면) Samjuk-myeon★
인왕(리) Inwang-ri★
당산(동) Dangsan-dong
봉천 1(동) Bongcheon 1(il)-dong
종로 2(가) Jongno 2(i)-ga★
퇴계로 3(가) Toegyero 3(sam)-ga

붙 임 '시, 군, 읍'의 행정 구역 단위는 생략할 수 있다.

청주(시) Cheongju★　　함평(군) Hampyeong★
순창(읍) Sunchang★

» 도로명 주소 등 표기에 관한 법률(2008. 2. 29.) 및 시행령(2007. 4. 5.)에 따른 새 주소 체계에서 기존 행정 구역 단위를 대체하는 '대로(大路)', '로(路)', '길'은 각각 'daero', 'ro', 'gil'로 적고, 그 앞에는 붙임표(-)를 넣는다.

예 강남(대로) Gangnam-daero　　세종(로) Sejong-ro★
개나리(길) Gaenari-gil

도로명 주소 등 표기에 관한 법률
'세종로'의 경우, 지역명의 경우에는 붙임표를 쓰지 않지만('Sejongno'로 표기함), 도로명일 때에는 붙임표를 쓴다('Sejong-ro'로 표기함). 그리고 만약 '3가'와 함께 쓸 경우에는 'Sejongno 3(sam)-ga'로 쓰는 것이 옳다.

島(섬 도)의 경우에는 붙임표를 쓰지 않는다.
예 거제도, 독도, 진도, 강화도, 남해도, 제주도, 안면도, 영종도, 울릉도

정답
❶ Min Yongha, Min Yong-ha
❷ Han Boknam, Han Bok-nam
❸ Hong Bitna, Hong Bit-na

[Q4] 다음 중 바른 로마자 표기에 ○표 하시오.

❶ 의정부시 Uijeongbu－si, Uijeongbu
❷ 청주시 Cheongju-si, Cheongju
❸ 함평군 Hampyeong, Hampyeong-gun
❹ 양주군 Yangju－gun, Yangju
❺ 신창읍 Sinchang, Sinchang－eup
❻ 순창읍 Sunchang, Sunchang-eup
❼ 충청북도 Chungcheongbuk－do, Chungcheongbukdo, Chungcheongbuk－ddo, Chungcheongbukddo, Chungcheongbuk-tto
❽ 전라북도 jeollabuk-do, jeonrabuk-do, jeollabuk-ddo, jeonrabuk-do
❾ 제주도 Jeju－do(행정구역), Jejudo(자연지명)
❿ 독도 Dokdo, Dok-do
⓫ 여의도 Yeoui-do, Yeouido, Yeoi-do
⓬ 거제도 Geojedo, Geoje-do
⓭ 울릉도 Ulleungdo, Ulleung-do
⓮ 강화도 Ganghwado, Ganghwa-do
⓯ 당산동 Dangsandong, Dangsan－dong
⓰ 봉천 1동 Bongcheon 1(il)－dong, Bongcheon－1(il)dong
⓱ 종로 2가 Jongno 2(i)－ga, Jongno－2(i)ga, Jonro 2(i)－ga
⓲ 퇴계로 3가 Toegyero－3(sam)ga, Toegye－ro 3(sam)－ga, Toegyero 3(sam)－ga
⓳ 인왕리 Inwang－ri, Inwangri, Inwangni
⓴ 청량리 Cheongnyangni, Cheongnyang-ri
㉑ 왕십리 Wangsip-ri, Wangsim-ni, Wangsimni
㉒ 답십리 Dapsimni, Dapsip-ri, Dapsim-ni
㉓ 삼죽면 Samjung-myeon, Samjungmyeon, Samjuk－myeon
㉔ 도봉구 Dobong－gu, Dobonggu
㉕ 세종로(지역명) Sejongno, Sejong－ro
㉖ 세종로(도로명) Sejongno, Sejong－ro
㉗ 을지로(지역명) Euljiro, Eulji－ro
㉘ 을지로(도로명) Euljiro, Eulji－ro
㉙ 강남대로 Gangnamdaero, Gangnam－daero
㉚ 개나리길 Gaenarigil, Gaenari－gil

정답

❶ Uijeongbu－si, Uijeongbu
❷ Cheongju–si, Cheongju
❸ Hampyeong, Hampyeong–gun
❹ Yangju－gun, Yangju
❺ Sinchang, Sinchang－eup
❻ Sunchang, Sunchang–eup
❼ Chungcheongbuk－do
❽ jeollabuk–do
❾ Jeju－do(행정구역), Jejudo(자연지명)
❿ Dokdo ⓫ Yeouido
⓬ Geojedo ⓭ Ulleungdo
⓮ Ganghwado
⓯ Dangsan－dong
⓰ Bongcheon 1(il)－dong
⓱ Jongno 2(i)－ga
⓲ Toegyero 3(sam)－ga
⓳ Inwang－ri
⓴ Cheongnyangni
㉑ Wangsimni
㉒ Dapsimni
㉓ Samjuk－myeon
㉔ Dobong－gu
㉕ Sejongno
㉖ Sejong－ro
㉗ Euljiro ㉘ Eulji－ro
㉙ Gangnam－daero
㉚ Gaenari－gil

제6항 | 자연 지물명, 문화재명, 인공 축조물명은 붙임표(-) 없이 붙여 쓴다.

남산 Namsan
금강 Geumgang
경복궁 Gyeongbokgung★
연화교 Yeonhwagyo
안압지 Anapji★
화랑대 Hwarangdae
현충사 Hyeonchungsa
오죽헌 Ojukheon★
종묘 Jongmyo
속리산 Songnisan★
독도 Dokdo★
무량수전 Muryangsujeon
극락전 Geungnakjeon★
남한산성 Namhansanseong
불국사 Bulguksa★
독립문 Dongnimmun★
촉석루 Chokseongnu★
다보탑 Dabotap★

혜선T만의 Only One 출좋포 3 | 제2항~제6항 로마자 표기 시 붙임표를 쓰는 경우

1. 원칙: 행정 구역 단위

예 do, si, gun, gu, eup, myeon, ri, dong, ga, daero, ro, gil

2. 허용

① 발음상 혼동의 우려가 있을 때

	원칙(O)	허용(O)
중앙	Jungang	Jung-ang
세운	Seun	Se-un
반구대	Bangudae	Ban-gudae
해운대	Haeundae	Hae-undae

② 사람의 이름 사이에

	원칙(O)	허용(O)
민용하	Min Yongha	Min Yong-ha
송나리	Song Nari	Song Na-ri
한복남	Han Boknam	Han Bok-nam
홍빛나	Hong Bitna	Hong Bit-na

[Q5] 다음 중 바른 로마자 표기에 ○표 하시오.

❶ 남산 Nam-san, Namsan

❷ 속리산 Songni-san, Songnisan, Soknisan

❸ 금강 Geum-gang, Geumgang

❹ 독도 Dok-do, Dokdo

❺ 경복궁 Gyeongbokgung, Gyeongbokkkung, Gyeongbok-gung

❻ 극락전 Geungnakjeon, Geuknakjjeon, Geuknakjeon

❼ 연화교 Yeonhwagyo, Yeonhwa-gyo

❽ 무량수전 Muryangsujeon, Muryangsu-jeon

❾ 안압지 Anapji, Anapjji

❿ 남한산성 Namhansanseong, Namhansan-seong

⓫ 화랑대 Hwarangdae, Hwarang-dae

⓬ 불국사 Bulguksa, Bulguk-sa, Bulgukssa

⓭ 현충사 Hyeonchung-sa, Hyeonchungsa

⓮ 독립문 Dongnimmun, Dongnim-mun

⓯ 종묘 Jong-myo, Jongmyo

⓰ 촉석루 Chokseongnu, Chokseong-ru, Choksseongnu

제7항 | 인명, 회사명, 단체명 등은 그동안 써 온 표기를 쓸 수 있다.

김 Kim (○) / Gim (○)

❶ Namsan ❷ Songnisan
❸ Geumgang ❹ Dokdo
❺ Gyeongbokgung
❻ Geungnakjeon
❼ Yeonhwagyo
❽ Muryangsujeon ❾ Anapji
❿ Namhansanseong
⓫ Hwarangdae ⓬ Bulguksa
⓭ Hyeonchungsa
⓮ Dongnimmun
⓯ Jongmyo
⓰ Chokseongnu

박혜선 최단기간 어문 규정

PART 06

외래어 표기법

PART 06

외래어 표기법

제1장 표기 원칙

제1항 | 외래어는 국어의 현용 24자모만으로 적는다.

자음(14개)	ㄱ, ㄴ, ㄷ, ㄹ, ㅁ, ㅂ, ㅅ, ㅇ, ㅈ, ㅊ, ㅋ, ㅌ, ㅍ, ㅎ
모음(10개)	ㅏ, ㅑ, ㅓ, ㅕ, ㅗ, ㅛ ,ㅜ, ㅠ, ㅡ, ㅣ

혜선T만의 Only One 출좋포 1 | 제1항

이 조항은 우리말에는 없는, 외국어의 소리를 나타내기 위해 맞춤법에 정한 24자모 이외의 특수한 기호나 문자를 만들어서는 안 된다는 것이다.

Othello[ouθélou] 오셀로 : [θ] → ❶ ______

service[sə́:rvis] 서비스 : [v] → ❷ ______

제2항 | 외래어의 1 음운은 원칙적으로 1 기호로 적는다.

구 분	바른 표기(○)	틀린 표기(×)
family	패밀리	훼밀리
fighting	파이팅★	화이팅

혜선T만의 Only One 출좋포 2 | 제2항 f → 'ㅍ'

[f]의 경우 '❸ ______'과 '❹ ______'으로 쓸 수 있지만, 1 음운은 1 기호로 적는다는 원칙에 의해 일관되게 '❺ ______'으로 적는다.

❶ ㅅ ❷ ㅂ ❸ ㅎ ❹ ㅍ
❺ ㅍ

제3항 | 받침에는 'ㄱ, ㄴ, ㄹ, ㅁ, ㅂ, ㅅ, ㅇ'만을 쓴다.

구 분	바른 표기(○)	틀린 표기(×)
racket	라켓★	라켙
diskette	디스켓★	디스켙
biscuit	비스킷★	비스킽
market	마켓★	마켙
chocolate	초콜릿★	초콜릳
workshop	워크숍★	워크숖
Gallup	갤럽★	갤렆

외우는 팁
개나리만 보세요

혜선T만의 Only One 출좋포 3 | 제3항 외래어의 받침 표기

외래어는 ❶ ______________이 적용된 것이 표기에 반영된다. 단, 모음 조사를 넣었을 때 '로보시, 라케시, 디스케시, 마케시, 초콜리시'로 발음되므로 [ㄷ]으로 발음되는 외래어들은 표기에 '❷ ______'을 반영하여 표기된다.

제4항 | 파열음 표기에는 된소리를 쓰지 않는 것을 원칙으로 한다.

1. [p, t, k]나 [b, d, g] 등의 파열음은 국어에서 된소리나 된소리에 가깝게 발음하는 경향이 있으나 표기에는 된소리를 쓰지 않는다.

구 분	바른 표기(○)	틀린 표기(×)
Paris	파리★	빠리
conte	콩트★	꽁트
札幌	삿포로★	삿뽀로
東京	도쿄★	도꾜
大阪市	오사카★	오사까
福岡	후쿠오카★	후쿠오까
Moscow	모스크바	모스끄바
baguette	바게트★	바게뜨
dam	댐★	땜

파열음, 파찰음, 마찰음 모두 된소리로 쓰지 않는다.

된소리를 써도 되는 예외
호찌민, 마오쩌둥('모택동'도 표준 표기), 샤쓰('셔츠'도 표준 표기), 빵, 짬뽕, 삐라, 껌, 조끼, 빨치산('파르티잔'도 표준 표기), 히로뽕('필로폰'도 표준 표기)

❶ 음절의 끝소리 규칙 ❷ ㅅ

2. 서구 외래어의 경우에는 마찰음 'ㅅ'과 파찰음 'ㅈ'을 된소리 'ㅆ, ㅉ'으로 표기하지 않는다.

구 분	바른 표기(○)	틀린 표기(×)
self service	셀프 서비스★	쎌프 써비스
Mozart	모차르트★	모짜르트
suntan	선탠★	썬탠

혜선T만의 Only One 출좋포 4 | 제4항 된소리 표기

'❶ ______, ❷ ______, ❸ ______, ❹ ______, ❺ ______'의 된소리 '❻ ______, ❼ ______, ❽ ______, ❾ ______, ❿ ______'는 외래어 표기에 쓰이지 않는 것을 원칙으로 한다.

제5항 | 이미 굳어진 외래어는 관용을 존중하되, 그 범위와 용례는 따로 정한다.

1. '카메라(camera), 라디오(radio)' 등 이미 굳어진 외래어는 외래어 표기법 원칙을 준수하지 않고 관용에 따른다(캐머러×, 레이디오×).

구 분	관용 존중(○)	원칙이지만 인정 안 함(×)
camera	카메라★	캐머러
radio	라디오★	레이디오
mania	마니아★	매니아
observer+	옵서버★	옵저버
九州	규슈★	큐슈
condenser+	콘덴서★	컨덴서
accent	악센트★	액센트
technology	테크놀로지★	테크날로지
bat+	배트	뱃
hit+	히트	힛
knock	노크	녹

+ observer: 회의 따위에서, 정식 회원이 아닌 사람으로 방청하면서 의견을 발표할 수 있으나 의결권은 없는 사람
+ condenser: 축전기, 응축기
+ bat: 야구 배트
+ hit : 대성공

❶ ㄱ ❷ ㄷ ❸ ㅂ ❹ ㅅ
❺ ㅈ ❻ ㄲ ❼ ㄸ ❽ ㅃ
❾ ㅆ ❿ ㅉ

구 분	관용 존중(○)	원칙이지만 인정 안 함(×)
set	세트	셋
net	네트★	넷
check	체크	첵
web	웹★	웨브
bag	백	배그
lab+	랩★	래브
supermarket	슈퍼마켓★	수퍼마켓
permanent	파마★	펌, 퍼머

+ lab : 연구소

2. 뜻에 따라 외래어 표기 원칙을 준수하거나 관용 표기가 모두 사용되는 경우도 있다.

구 분	외래어 표기 원칙	관용 표기
cut	컷 (인쇄물의 작은 사진)★	커트(머리를 자름)★
type	타이프 (글자를 찍는 기계)★	타입(유형)★

[Q1] 다음 중 바른 외래어 표기에 ○표 하시오.

❶ 라켓, 라켇	❷ 디스켇, 디스켓	❸ 댐, 땜	❹ 마켓, 마켇
❺ 콩트, 꽁트	❻ 워크샵, 워크샾, 워크숍, 워크숖	❼ 갤럽, 갤렆	❽ 셀프 서비스, 셸프 써비스
❾ 선탠, 썬탠	❿ 모차르트, 모짜르트	⓫ 빨치산, 파르티잔	⓬ 히로뽕, 필로폰
⓭ 샤쓰, 셔츠	⓮ 카메라, 캐머러	⓯ 초콜릿, 초콜릳	⓰ 비스킷, 비스킽
⓱ 오사까, 오사카	⓲ 규슈, 큐슈, 규수, 큐수	⓳ 패밀리, 훼밀리	⓴ 바게뜨, 바게트
㉑ 옵서버, 옵저버	㉒ 라디오, 레이디오	㉓ 모스크바, 모스끄바	㉔ 도쿄, 도꾜
㉕ 파리, 빠리	㉖ 테크날로지, 테크놀로지	㉗ 매니아, 마니아	㉘ 파이팅, 화이팅
㉙ 콘덴서, 컨덴서	㉚ 삿포로, 삿뽀로	㉛ 후쿠오카, 후쿠오까	㉜ 액센트, 악센트
㉝ (사진) 컷, 커트	㉞ (자른 머리) 컷, 커트	㉟ (글자 찍는 기계) 타이프, 타입	㊱ (유형) 타이프, 타입
㊲ 배트, 뱃	㊳ 히트, 힛	㊴ 노크, 녹	㊵ 세트, 셋
㊶ 넷, 네트	㊷ 웨브, 웹	㊸ 첵, 체크	㊹ 백, 배그
㊺ 랩, 래브	㊻ 펌, 퍼머, 파마		

정답

❶ 라켓 ❷ 디스켓 ❸ 댐
❹ 마켓 ❺ 콩트 ❻ 워크숍
❼ 갤럽 ❽ 셀프 서비스
❾ 선탠 ❿ 모차르트
⓫ 빨치산, 파르티잔
⓬ 히로뽕, 필로폰
⓭ 샤쓰, 셔츠 ⓮ 카메라
⓯ 초콜릿 ⓰ 비스킷 ⓱ 오사카
⓲ 규슈 ⓳ 패밀리 ⓴ 바게트
㉑ 옵서버 ㉒ 라디오
㉓ 모스크바 ㉔ 도쿄 ㉕ 파리
㉖ 테크놀로지 ㉗ 마니아
㉘ 파이팅 ㉙ 콘덴서
㉚ 삿포로 ㉛ 후쿠오카
㉜ 악센트 ㉝ (사진)컷
㉞ (자른 머리)커트
㉟ (글자 찍는 기계)타이프
㊱ (유형)타입 ㊲ 배트 ㊳ 히트
㊴ 노크 ㊵ 세트 ㊶ 네트
㊷ 웹 ㊸ 체크 ㊹ 백
㊺ 랩 ㊻ 파마

제2장 표기 세칙

제1절 자음의 표기

'국제 음성 기호와 한글 대조표'에 따라 적되, 다음 사항에 유의하여 적는다.

제1항 | 무성 파열음([p], [t], [k])

1. 짧은 모음 다음의 어말 무성 파열음([p], [t], [k])은 받침으로 적는다.

gap 갭★
cat 캣
book 북
spirit 스피릿★
carpet 카펫★
pilot 파일럿★
omelet 오믈렛★
helmet 헬멧
pamphlet 팸플릿★
carat 캐럿★
shot 숏(=컷, 장면)★
bonnet 보닛★
doughnut 도넛★
boycott 보이콧★

2. 짧은 모음과 유음 · 비음([l], [r], [m], [n]) 이외의 자음 사이에 오는 무성 파열음([p], [t], [k])은 받침으로 적는다.

apt 앱트
setback 셋백
act 액트
Gips 깁스★
lipstick 립스틱
napkin 냅킨★
scout 스카우트★
coffeepot 커피 포트
Tibet 티베트★

3. 위 경우 이외의 어말과 자음 앞의 [p], [t], [k]는 '으'를 붙여 적는다.

stamp 스탬프
cape 케이프
nest 네스트
part 파트
desk 데스크
make 메이크
apple 애플
mattress 매트리스★
chipmunk 치프멍크
sickness 시크니스★
short 쇼트★
flute 플루트★
network 네트워크
front 프런트★
teamwork 팀워크★
soup 수프★

+ lobster[lɔbstə]: 로브스터, 랍스터 복수 인정

제2항 | 유성 파열음([b], [d], [g])

어말과 모든 자음 앞에 오는 유성 파열음은 '으'를 붙여 적는다.

bulb 벌브
zigzag 지그재그
kidnap 키드냅
head 헤드
bug 버그
bulldog 불도그★
land 랜드
lobster 로브스터★+ / 랍스터★
signal 시그널★
herb 허브
pyramid 피라미드
tag 태그

혜선T만의 Only One 출좋포 5 | 제2항

[ə]는 외래어 표기법에서 이를 '어'로 옮기도록 규정하였다.
예 signal [sígnəl] 시그널★, digital[didʒitəl] 디지털★, terminal[təːrminəl] 터미널★

[Q2] 다음 중 바른 외래어 표기에 ○표 하시오.

❶ pamphlet[pǽmflit] 팸플릿, 팸플렛	❷ melet[ámələit] 오믈릿, 오믈렛
❸ carat[kǽrət] 캐럿, 캐렛	❹ gap[gæp] 개프, 갭
❺ spirit[spírit] 스프릿, 스피리트, 스피릿	❻ carpet[káːrpit] 카펫, 카페트
❼ shot[ʃɔt] 쇼트, 숏	❽ bonnet[bánit] 보넷, 보닛, 보네트, 보니트
❾ pilot[páilət] 파일럿, 파일러트	❿ helmet[hélmit] 헬멧, 헬메트
⓫ apt[æpt] 앱트, 앺	⓬ setback[setbæk] 세트백, 셋백
⓭ napkin[nǽpkin] 내프킨, 냅킨	⓮ lipstick[lípstìk] 립스틱, 리브스틱
⓯ Gips[gɪps] 기브스, 깁스	⓰ Tibet[tibét] 티벳, 티베트
⓱ scout[skaut] 스카우트, 스카웃	⓲ coffeepot[cóffee·pòt] 커피 포트, 커피 파트, 커피폿, 커피팟
⓳ soup[suːp] 수프, 숩	⓴ doughnut[dóugh·nùt] 도넛, 도너츠, 도낫, 도나츠

정답

❶ 팸플릿 ❷ 오믈렛 ❸ 캐럿
❹ 갭 ❺ 스피릿 ❻ 카펫
❼ 숏 ❽ 보닛 ❾ 파일럿
❿ 헬멧 ⓫ 앱트 ⓬ 셋백
⓭ 냅킨 ⓮ 립스틱 ⓯ 깁스
⓰ 티베트 ⓱ 스카우트
⓲ 커피 포트 ⓳ 수프
⓴ 도넛

㉑ make[meik] 메이크, 메익	㉒ front[frʌnt] 프론트, 프런트
㉓ cape[keip] 케이프, 케입	㉔ nest[nest] 네스트, 네슷
㉕ part[pɑːt] 파트, 팟	㉖ desk[desk] 데스크, 데슥
㉗ mattress[mætris] 매트리스, 맷리스	㉘ plot[plɑt] 플로트, 플롯
㉙ chipmunk[tʃipmʌŋk] 치프멍크, 칩멍크	㉚ flute[fluːt] 플루트, 플룻
㉛ sickness[siknis] 식니스, 시크니스	㉜ short[ʃɔːt] 쇼트, 숏
㉝ network[nétwəːrk] 네트워크, 네트웍, 넷웍	㉞ teamwork[téam · wòrk] 팀워크, 팀웍
㉟ bulb[bʌlb] 벌브, 발브	㊱ zigzag[zigzæg] 지그재그, 직잭
㊲ lobster[lɔbstə] 로브스터, 랍스터, 랍스타	㊳ signal[signəl] 시그날, 시그널
㊴ kidnap[kidnæp] 키드냅, 키드내프	㊵ bug[bʌg] 버그, 벅
㊶ bulldog[búll · dòg] 불도그, 불독	㊷ head[hed] 헤드, 헷
㊸ pyramid[pírəmìd] 피라미드, 피라밋	㊹ tag[tæg] 태그, 택

제3항 | 마찰음([s], [z], [f], [v], [θ], [ð], [ʃ], [ʒ])

1. 어말 또는 자음 앞의 [s], [z], [f], [v], [θ], [ð]는 '으'를 붙여 적는다.

mask 마스크
graph 그래프
thrill 스릴★
through pass 스루 패스★
jazz 재즈★
olive 올리브
bathe 베이드★

혜선T만의 Only One 출좋포 6 | 제3항

[θ] 발음은 '❶ ______'으로 표기한다.

정답

㉑ 메이크 ㉒ 프런트 ㉓ 케이프
㉔ 네스트 ㉕ 파트 ㉖ 데스크
㉗ 매트리스 ㉘ 플롯
㉙ 치프멍크 ㉚ 플루트
㉛ 시크니스 ㉜ 쇼트
㉝ 네트워크 ㉞ 팀워크 ㉟ 벌브
㊱ 지그재그
㊲ 로브스터, 랍스터 ㊳ 시그널
㊴ 키드냅 ㊵ 버그 ㊶ 불도그
㊷ 헤드 ㊸ 피라미드 ㊹ 태그

정답

❶ ㅅ

2. 어말의 [ʃ]는 '시'로 적고, 자음 앞의 [ʃ]는 '슈'로, 모음 앞의 [ʃ]는 뒤따르는 모음에 따라 '샤, 섀, 셔, 셰, 쇼, 슈, 시'로 적는다.

flash 플래시★
shark 샤크
fashion 패션
shopping 쇼핑
shim 심
shepherd 셰퍼드★
eye shadow 아이 섀도★
Einstein 아인슈타인★
leadership 리더십★

shrub 슈러브
shank 섕크
sheriff 셰리프
shoe 슈
english 잉글리시★
shake 셰이크★
shrimp 슈림프★
Tashkent 타슈켄트★
membership 멤버십★

혜선T만의 Only One 출좋포 7 | 제3항

'❶ ______, ❷ ______'는 표기에 없다는 것에 유의하여야 한다.

3. 어말 또는 자음 앞의 [ʒ]는 '지'로 적고, 모음 앞의 [ʒ]는 'ㅈ'으로 적는다.

mirage[mirɑːʒ] 미라지★
vision[viʒən] 비전★

제4항 | 파찰음([ts], [dz], [tʃ], [ʤ])

1. 어말 또는 자음 앞의 [ts], [dz]는 '츠', '즈'로 적고, [tʃ], [ʤ]는 '치', '지'로 적는다.

Keats 키츠
Pittsburgh 피츠버그
switch 스위치★
reach 리치
catch 캐치
bench 벤치

odds 오즈
bridge 브리지★
hitchhike 히치하이크
coach 코치★
inch 인치

2. 모음 앞의 [tʃ], [ʤ]는 'ㅊ', 'ㅈ'으로 적는다.

chart[tʃɑːt] 차트★
virgin[vəːdʒin] 버진

'ㅈ, ㅊ' 뒤에 오는 'ㅣ' 계열의 이중 모음 표기

외래어를 한글로 표기할 경우 'ㅈ, ㅊ' 뒤에는 이중 모음 'ㅑ, ㅕ, ㅛ, ㅠ'를 쓸 수 없다. 따라서 단모음 'ㅏ, ㅓ, ㅗ, ㅜ'로 적는다.

예 juice 주스(쥬스×)★, junior 주니어(쥬니어×), jewelry 주얼리(쥬얼리×)★, chocolate 초콜릿(쵸콜릿×)★, chart 차트(챠트×), schedule 스케줄(스케쥴×)★, television 텔레비전(텔레비젼×)★, ketchup 케첩(케쳡×)★

❶ 쉬 ❷ 쉐

혜선T만의 Only One 출좋포 8 | 제4항 'ㅈ, ㅊ' 뒤에 오는 'ㅣ' 계열의 이중 모음 표기

외래어를 한글로 표기할 경우 'ㅈ, ㅊ' 뒤에는 이중 모음 '❶ ______, ❷ ______, ❸ ______, ❹ ______'를 쓸 수 없다.
따라서 단모음 'ㅏ, ㅓ, ㅗ, ㅜ'로 적는다.

예 juice 주스(쥬스×), junior 주니어(쥬니어×), jewelry 주얼리(쥬얼리×), chocolate 초콜릿(쵸콜릿×), chart 차트(챠트×), schedule 스케줄(스케쥴×), television 텔레비전(텔레비젼×) ketchup 케첩(케쳡×)

[Q3] 다음 중 바른 외래어 표기에 ○표 하시오.

❶ mask[mɑːsk] 마스크, 마슥, 매스크	❷ jazz[dʒæz] 째즈, 재즈
❸ bathe[beið] 베이드, 베이스	❹ through pass[θruːpæs] 드루 패스, 스루 패스
❺ Othello[ouθélou] 오셀로, 오델로	❻ thrill[θril] 스릴, 드릴
❼ olive[ɔliv] 올리브, 올립	❽ graph[græf] 그래프, 그랩
❾ shrub[ʃrʌb] 쉬러브, 슈러브	❿ shoe[ʃuː] 쇼, 슈
⓫ shrimp[ʃrimp] 쉬림프, 슈림프	⓬ Tashkent[tɑːʃként] 타슈켄트, 타쉬겐트
⓭ Einstein[áinstain] 아인쉬타인, 아인슈타인	⓮ shim[ʃim] 쉼, 심
⓯ flash[flæʃ] 플래시, 플래쉬	⓰ english[íŋgliʃ] 잉글리쉬, 잉글리시
⓱ leadership[líːdərʃip] 리더쉽, 리더십	⓲ membership[mémbərʃip] 멤버쉽, 멤버십
⓳ shark[ʃɑːk] 샤크, 샥, 사크	⓴ eye shadow[aɪʃædoʊ] 아이 섀도, 아이 섀도우, 아이 새도우
㉑ shank[ʃæŋk] 섕크, 솅크	㉒ shopping[ʃɔpiŋ] 소핑, 쇼핑
㉓ sheriff[ʃerif] 셰리프, 쉐리프	㉔ shepherd[ʃépərd] 쉐퍼드, 셰퍼드
㉕ shake[ʃeik] 쉐이크, 셰이크	㉖ mirage[mirɑːʒ] 미라쥐, 미라지

정답

❶ ㅑ ❷ ㅕ ❸ ㅛ ❹ ㅠ

정답

❶ 마스크 ❷ 재즈 ❸ 베이드 ❹ 스루 패스 ❺ 오셀로 ❻ 스릴 ❼ 올리브 ❽ 그래프 ❾ 슈러브 ❿ 슈 ⓫ 슈림프 ⓬ 타슈켄트 ⓭ 아인슈타인 ⓮ 심 ⓯ 플래시 ⓰ 잉글리시 ⓱ 리더십 ⓲ 멤버십 ⓳ 샤크 ⓴ 아이 섀도 ㉑ 섕크 ㉒ 쇼핑 ㉓ 셰리프 ㉔ 셰퍼드 ㉕ 셰이크 ㉖ 미라지

㉗ television['teliviʒn] 텔레비전, 텔레비젼	㉘ vision[viʒən] 비젼, 비전
㉙ juice[dʒuːs] 쥬스, 주스	㉚ junior['dʒuːniər] 주니어, 쥬니어
㉛ jewelry['dʒuːəlri] 쥬얼리, 주얼리	㉜ chocolate[tʃɔːklit] 초콜릿, 쵸콜릿
㉝ Keats[kiːts] 킷츠, 키츠	㉞ Pittsburgh[pitsbəːg] 피츠버그, 핏츠버그
㉟ bridge[bridʒ] 브릿지, 브리지	㊱ switch[switʃ] 스위치, 스윗치
㊲ hitchhike[hitʃhaik] 히치하이크, 히츠하이크	㊳ virgin[vəːdʒin] 벌진, 버진
㊴ inch[intʃ] 인취, 인치	㊵ bench[bentʃ] 벤취, 벤치
㊶ ketchup[kétʃəp] 케첩, 케쳡, 케찹, 케챱	

제5항 | 비음([m], [n], [ŋ])

1. 어말 또는 자음 앞의 비음은 모두 받침으로 적는다.

steam[stiːm] 스팀 corn[kɔːn] 콘
ring[riŋ] 링 lamp[læmp] 램프
hint[hint] 힌트 ink[iŋk] 잉크

2. 모음과 모음 사이의 [ŋ]은 앞 음절의 받침 'ㅇ'으로 적는다.

hanging[hæŋiŋ] 행잉 longing[lɔŋiŋ] 롱잉
cunning[kʌniŋ] 커닝★ running[rʌniŋ] 러닝★

혜선T만의 Only One 출좋포 9 | 제5항

❶ ________ 하면 ❷ ________ 해야 한다.

정답

㉗ 텔레비전 ㉘ 비전 ㉙ 주스 ㉚ 주니어 ㉛ 주얼리 ㉜ 초콜릿 ㉝ 키츠 ㉞ 피츠버그 ㉟ 브리지 ㊱ 스위치 ㊲ 히치하이크 ㊳ 버진 ㊴ 인치 ㊵ 벤치 ㊶ 케첩

정답

❶ 커닝 ❷ 러닝

제6항 | 유음([l])

1. 어말 또는 자음 앞의 [l]은 받침으로 적는다.

hotel[houtel] 호텔　　pulp[pʌlp] 펄프

2. 어중의 [l]이 모음 앞에 오거나, 모음이 따르지 않는 비음([m], [n]) 앞에 올 때에는 'ㄹㄹ'로 적는다. 다만, 비음([m], [n]) 뒤의 [l]은 모음 앞에 오더라도 'ㄹ'로 적는다.

slide 슬라이드
helm 헬름
Hamlet 햄릿*
plaza 플라자*
Poclain 포클레인*
calendar 캘린더*
dilemma 딜레마*
proletaria 프롤레타리아
dry cleaning 드라이클리닝*
catalogue 카탈로그*
claim 클레임
morphine 모르핀
Allergie 알레르기*
bungalow 방갈로*
terminal 터미널*
sprinkler 스프링클러*
film 필름
swoln 스월른
Henley 헨리*
melon 멜론*
kilo 킬로*
club 클럽
Cleopatra 클레오파트라
nylon 나일론*
alkali 알칼리*
glass 글라스*
helium 헬륨
endorphin 엔도르핀*
blouse 블라우스
digital 디지털*
color 컬러*
gondola 곤돌라*

[Q4] 다음 중 바른 외래어 표기에 ○표 하시오.

❶ cunning[kʌ́niŋ] 커닝, 컨닝	❷ running[rʌ́niŋ] 러닝, 런닝
❸ pulp[pʌlp] 퍼프, 펄프	❹ slide[slaid] 스라이드, 슬라이드
❺ Henley[henli] 헨리, 헬리	❻ plaza[plɑ́ːzə] 플라자, 프라자
❼ melon[mélən] 메론, 멜론	❽ Poclain[Poklɪen] 포크레인, 포클레인, 폴클레인
❾ calendar[kǽləndər] 캐린더, 캘린더	❿ kilo[kí(ː)lou] 킬로, 키로
⓫ dilemma[dilémə] 딜레마, 디레마	⓬ alkali [ǽlkəlài] 알카리, 알칼리
⓭ nylon[náilɑn] 나일롱, 나일론	⓮ dry cleaning[drý cléaning] 드라이클리닝, 드라이크리닝
⓯ glass[glæs] 글라스, 글래스, 그래스, 그라스	⓰ bungalow[bʌ́ŋgəlòu] 뱅갈로, 방갈로
⓱ morphine[mɔ́ːrfiːn] 몰핀, 모르핀	⓲ endorphin[endɔ́ːrfin] 엔돌핀, 엔도르핀
⓳ Allergie[alɛrgíː] 알레르기, 알러지	⓴ blouse[blaus] 블라우스, 브라우스
㉑ digital[didʒitəl] 디지털, 디지탈	㉒ terminal[təːrminəl] 터미널, 터미날
㉓ color[kʌlər] 컬러, 칼라	㉔ helium[híːliəm] 헤륨, 헬륨
㉕ catalogue[kǽtəlɔ̀ːg] 카달로그, 카탈로그	㉖ sprinkler['sprɪŋklə(r)] 스프링클러, 스프링쿨러
㉗ gondola[gɒndələ] 곤돌라, 콘돌라	

정답

❶ 커닝 ❷ 러닝 ❸ 펄프
❹ 슬라이드 ❺ 헨리 ❻ 플라자
❼ 멜론 ❽ 포클레인 ❾ 캘린더
❿ 킬로 ⓫ 딜레마 ⓬ 알칼리
⓭ 나일론 ⓮ 드라이클리닝
⓯ 글라스 ⓰ 방갈로 ⓱ 모르핀
⓲ 엔도르핀 ⓳ 알레르기
⓴ 블라우스 ㉑ 디지털
㉒ 터미널 ㉓ 컬러 ㉔ 헬륨
㉕ 카탈로그 ㉖ 스프링클러
㉗ 곤돌라

제2절 모음의 표기

제7항 | 장모음

장모음의 장음은 따로 표기하지 않는다.

team[tiːm] 팀(티임×)
route[ruːt] 루트(루우트×)
margarine[mɑːdʒəˈriːn] 마가린★
yard[jɑːrd] 야드
tulip[tjúːlip] 튤립
humor[hjúːmər] 유머★

제8항 | 중모음([ai], [au], [ei], [ɔi], [ou], [auə])

중모음은 각 단모음의 음가를 살려서 적되, [ou]는 '오'로, [auə]는 '아워'로 적는다.

time[taim] 타임
house[haus] 하우스
skate[skeit] 스케이트
oil[ɔil] 오일
boat[bout] 보트
tower[tauə] 타워
show[ʃou] 쇼
window[wíndou] 윈도★
snow[snou] 스노★
yellow [jélou] 옐로★
soul music[sóul mùsic] 솔뮤직★
bowling[bóuliŋ] 볼링(보울링×)
power[páuər] 파워(파우어×)
shadow[ʃædoʊ] 섀도★
rainbow[réinbòu] 레인보★

혜선T만의 Only One 출좋포 10 | 제8항

[ou]는 '오'로, [auə]는 '아워'로 적는다.

예 yellow [jélou] 옐로, soul music[sóul mùsic] 솔뮤직, window[wíndou] 윈도, shadow[ʃædou] 섀도, boat[bout] 보트, bowling[bóuliŋ] 볼링, tower[tauə] 타워, power[páuər] 파워

장모음의 장음을 표기하는 경우
예 알코올★, 앙코르★, 콩쿠르★ 엔도르핀★

06

제9항 | 반모음([w], [j])

1. [w]는 뒤따르는 모음에 따라 [wə], [wɔ], [wou]는 '워', [wa]는 '와', [wæ]는 '왜', [we]는 '웨', [wi]는 '위', [wu]는 '우'로 적는다.

word[wəːd] 워드 want[wɔnt] 원트
woe[wou] 워★ wander[wandə] 완더★
wag[wæg] 왜그★ west[west] 웨스트
witch[witʃ] 위치★ wool[wul] 울

2. 자음 뒤에 [w]가 올 때에는 두 음절로 갈라 적되, [gw], [hw], [kw]는 한 음절로 붙여 적는다.

swing[swiŋ] 스윙 twist[twist] 트위스트
penguin[peŋgwin] 펭귄 whistle[hwisl] 휘슬★
quarter[kwɔːtə] 쿼터

3. 반모음 [j]는 뒤따르는 모음과 합쳐 '야, 얘, 여, 예, 요, 유, 이'로 적는다. 다만, [d], [l], [n] 다음에 [jə]가 올 때에는 각각 '디어', '리어', '니어'로 적는다.

yard[jaːd] 야드 yank[jæŋk] 얭크
yearn[jəːn] 연 yellow[jelou] 옐로★
yawn[jɔːn] 욘★ you[juː] 유
year[jiə] 이어 Indian[indjən] 인디언★
battalion[bətæljən] 버탤리언 union[juːnjən] 유니언★

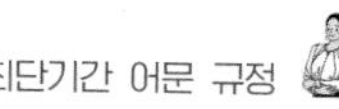

혜선T만의 Only One 출좋포 10 | 컨 vs 콘 / 컴 vs 콤

1. con(컨 vs 콘) 구분

	예시
컨	컨트롤★, 리모컨★, 에어컨★, 컨테이너★, 컨디션, 컨베이어+, 컨설팅, 컨소시엄+, 컬렉션★
콘	콘덴서★+, 콘서트★, 콘셉트★, 콘텐츠★, 콘테스트★, 콘사이스★+, 콘도미니엄★+, 콘택트렌즈

2. com(컴 vs 콤) 구분

	예시
컴	컴퍼스★+, 컴포넌트+
콤	콤플렉스★, 콤팩트+, 콤마, 콤비네이션, 시트콤

+ 컨베이어: 운반 장치
+ 컨소시엄: 은행이나 기업이 공동으로 참가하여 형성하는 차관단 또는 융자단
+ 콘덴서: 전기의 도체(導體)에 많은 양의 전기를 모으는 장치
+ 콘사이스: 휴대용 사전
+ 콘도미니엄: '콘도'의 정식 이름
+ 컴퍼스: 제도용 기구
+ 컴포넌트: 어떤 시스템을 구성하고 있는 일부
+ 콤팩트: 휴대용 화장 도구

[Q5] 다음 중 바른 외래어 표기에 ○표 하시오.

❶ route[ruːt] 루트, 루우트	❷ margarine[mɑːdʒəˈriːn] 마아가린, 마가린
❸ tulip[tjúːlip] 튜울립, 튤립	❹ humor[hjúːmər] 유우머, 유머
❺ encore[áŋkɔːr] 앵콜, 앵코르, 앙콜, 앙코르	❻ alcohol[ǽlkəhɔ̀(ː)l] 알콜, 알코올
❼ concours[kɔ̃kuːr] 콩쿨, 콩쿠르	❽ boat[bout] 보트, 보우트
❾ tower[tauə] 타워, 타우어	❿ power[páuər] 파워, 파우어
⓫ show[ʃou] 쇼, 쇼우	⓬ rainbow[réinbòu] 레인보, 레인보우
⓭ shadow[ʃædoʊ] 섀도우, 섀도	⓮ snow[snou] 스노우, 스노
⓯ yellow[jélou] 옐로우, 옐로	⓰ soul music[sóul mùsic] 소울 뮤직, 솔 뮤직
⓱ bowling[bóuliŋ] 볼링, 보울링	⓲ wander[wɑndə] 원더, 완더, 완다
⓳ witch[witʃ] 윗치, 위치	⓴ wag[wæg] 왜그, 웨그
㉑ west[west] 왜스트, 웨스	㉒ penguin[peŋgwin] 펭귄, 펭구윈

정답

❶ 루트 ❷ 마가린 ❸ 튤립
❹ 유머 ❺ 앙코르 ❻ 알코올
❼ 콩쿠르 ❽ 보트 ❾ 타워
❿ 파워 ⓫ 쇼 ⓬ 레인보
⓭ 섀도 ⓮ 스노 ⓯ 옐로
⓰ 솔 뮤직 ⓱ 볼링 ⓲ 완더
⓳ 위치 ⓴ 왜그 ㉑ 웨스
㉒ 펭귄

㉓ **whistle**[hwisl] 휘슬, 위슬	㉔ **yank**[jæŋk] 이앵크, 앵크
㉕ **yawn**[jɔːn] 야운, 욘	㉖ **Indian**[indjən] 인디언, 인디안
㉗ **union**[juːnjən] 유니안, 유니언	㉘ **battalion**[bətæljən] 버탤리언, 버탤리안
㉙ **control**[kən|troʊl] 컨트롤, 콘트롤	㉚ **aircon**(air conditioner) 에어컨, 에어콘
㉛ **remocon**[remote control] 리모컨, 리모콘	㉜ **consortium**[kən|sɔːrtiəm] 컨소시엄, 콘소시엄
㉝ **concept**[|kɑːnsept] 컨셉트, 콘셉트	㉞ **container**[kən'teɪnə(r)] 콘테이너, 컨테이너
㉟ **content**[kən'tent] 컨텐츠, 콘텐츠	㊱ **contest**[|kɒntest;] 컨테스트, 콘테스트
㊲ **concise**[kən'saɪs] 컨사이스, 콘사이스	㊳ **compass**['kʌmpəs] 콤퍼스, 컴퍼스
㊴ **consulting**[kənsʌ́ltiŋ] 컨설팅, 콘설팅	㊵ **connexion**[kənékʃən] 커넥션, 코넥션
㊶ **component**[kəm'poʊnənt] 컴포넌트, 콤포넌트	㊷ **compact**['kɒmpækt] 콤팩트, 컴팩트
㊸ **comma**['kɑːmə] 컴마, 콤마	㊹ **complex**['kɒmpleks] 콤플렉스, 컴플렉스
㊺ **combination**[kɑːmbɪneɪʃn] 콤비네이션, 컴비네이션	㊻ **sitcom**(situation comedy) [sɪtkɑːm] 시트컴, 시트콤
㊼ **condition**[kən'dɪʃn] 콘디션, 컨디션	㊽ **contact lens** 콘택트 렌즈, 컨택트 렌즈
㊾ **collection**[kə'lekʃn] 컬렉션, 콜렉션	

정답

㉓ 휘슬 ㉔ 앵크 ㉕ 욘
㉖ 인디언 ㉗ 유니언
㉘ 버탤리언 ㉙ 컨트롤
㉚ 에어컨 ㉛ 리모컨
㉜ 컨소시엄 ㉝ 콘셉트
㉞ 컨테이너 ㉟ 콘텐츠
㊱ 콘테스트 ㊲ 콘사이스
㊳ 컴퍼스 ㊴ 컨설팅
㊵ 커넥션 ㊶ 컴포넌트
㊷ 콤팩트 ㊸ 콤마
㊹ 콤플렉스 ㊺ 콤비네이션
㊻ 시트콤 ㊼ 컨디션
㊽ 콘택트 렌즈 ㊾ 컬렉션

제10항 | 복합어

1. 따로 설 수 있는 말의 합성으로 이루어진 복합어는 그것을 구성하고 있는 말이 단독으로 쓰일 때의 표기대로 적는다.

cuplike 컵라이크
headlight 헤드라이트
sit-in 싯인
flashgun 플래시건
highlight 하이라이트★
offside 오프사이드
makeup 메이크업
bookend 북엔드★
touchwood 터치우드
topknot 톱놋★
bookmaker 북메이커
luchy bag 러키 백★
outlet 아웃렛★
kickoff 킥오프

2. 원어에서 띄어 쓴 말은 띄어 쓴 대로 한글 표기를 하되, 붙여 쓸 수도 있다.

Los Alamos[lɔs æləmous] 로스 앨러모스/로스앨러모스
top class[tɔpklæs] 톱 클래스/톱클래스★

[Q6] 다음 중 바른 외래어 표기에 ○표 하시오.

❶ cuplike[kʌplaik] 컵라이크, 커플라이크	❷ bookend[bukend] 부켄드, 북엔드
❸ headlight[hedlait] 헤드라이트, 헤들라이트	❹ touchwood[tʌtʃwud] 터치우드, 터츄드
❺ luchy bag[lʌki bæg] 러키 백, 럭키 백	❻ topknot[tɔpnɔt] 톱놋, 탑놑, 탑놋
❼ sit-in[sitin] 시틴, 시딘, 싯인	❽ weekend[wíːkènd] 위켄드, 위크엔드
❾ highlight[haɪlaɪt] 하이라이트, 하일라이트	❿ flashgun[flæʃgʌn] 플래시건, 플래쉬건
⓫ outlet[áutlet] 아울렛, 아웃렛	⓬ offside[ɔː|saɪd;] 오프사이드, 옵사이드
⓭ top class[tɔpklæs] 탑 클래스, 톱 클래스	

정답
❶ 컵라이크 ❷ 북엔드
❸ 헤드라이트 ❹ 터치우드
❺ 러키 백 ❻ 톱놋 ❼ 싯인
❽ 위크엔드 ❾ 하이라이트
❿ 플래시건 ⓫ 아웃렛
⓬ 오프사이드 ⓭ 톱 클래스

제3장 인명, 지명 표기의 원칙

제1절 서양의 인명, 지명 표기

제1항 | 외국의 인명, 지명의 표기는 제1장, 제2장, 제3장의 규정을 따르는 것을 원칙으로 한다.

제2항 | 제3장에 포함되어 있지 않은 언어권의 인명, 지명은 원지음을 따르는 것을 원칙으로 한다.

Ankara 앙카라　　Gandhi 간디

제3항 | 원지음이 아닌 제3국의 발음으로 통용되고 있는 것은 관용을 따른다.

Hague 헤이그　　Caesar 시저★ ('카이사르'도 옳음.)

제4항 | 고유 명사의 번역명이 통용되는 경우 관용을 따른다.

Pacific Ocean 태평양　　Black Sea 흑해

제2절 동양의 인명, 지명 표기

제1항 | 중국 인명은 과거인과 현대인을 구분하여 과거인은 종전의 한자음대로 표기하고, 현대인은 원칙적으로 중국어 표기법에 따라 표기하되, 필요한 경우 한자를 병기한다.
[과거인과 현대인의 구분은 신해혁명(1911)을 기준으로 함.]

» 중국 인명 중에서 고대인의 경우는 현대 중국어 발음대로 표기하지 않고 '공자, 맹자, 왕안석' 등 우리 한자음대로 표기한다. 현대인의 경우는 중국어 발음에 맞추어 '주음 부호와 한글 대조표'에 따라서 표기한다. 그러므로 '張國榮'은 '장국영'이 아니라 '장궈룽'으로, '張藝謀'는 '장예모'가 아니라 '장이머우'로 표기해야 한다.

제2항 | 중국의 역사 지명으로서 현재 쓰이지 않는 것은 우리 한자음대로 하고, 현재 지명과 동일한 것은 중국어 표기법에 따라 표기하되, 필요한 경우 한자를 병기한다.
예 長安: 장안(○)/창안(×)

제3항 | 일본의 인명과 지명은 과거와 현대의 구분 없이 일본어 표기법에 따라 표기하는 것을 원칙으로 하되, 필요한 경우 한자를 병기한다.

» 한자로 적힌 중국이나 일본의 인명, 지명에 대해서는 우리 한자음으로 읽는 것이 오랜 관행이었으나, 현행 외래어 표기법 원칙에 따라 원어의 발음대로 적는다. 일본 인명도 마찬가지로 '풍신수길, 이등박문' 대신에 '도요토미 히데요시, 이토 히로부미'로 적는다.

제4항 | 중국 및 일본의 지명 가운데 한국 한자음으로 읽는 관용이 있는 것은 이를 허용한다.

東京 도쿄, 동경★	京都 교토, 경도
上海 상하이, 상해	臺灣 타이완, 대만
黃河 황허, 황하	北京 베이징, 북경

개정 규정(2017. 6. 1.부터 시행) 외래어 표기법 제4장 제3절 제1항이었던 "'해', '섬', '강', '산' 등이 외래어에 붙을 때에는 띄어 쓰고, 우리말에 붙을 때에는 붙여 쓴다."는 규정이 삭제됨에 따라 '해, 섬, 강, 산, 산맥' 등의 단어를 외래어에 붙을 때에도 앞말에 붙여 쓰게 되었다.

우리나라 : 제주도, 울릉도

제3절 바다, 섬, 강, 산 등의 표기

제1항 | 바다는 '해(海)'로 통일한다.

홍해 발트해
아라비아해

제2항 | 우리나라를 제외하고 섬은 모두 '섬'으로 통일한다.

타이완섬 코르시카섬

제3항 | 한자 사용 지역(일본, 중국)의 지명이 하나의 한자로 되어 있을 경우, '강', '산', '호', '섬' 등은 겹쳐 적는다.

온타케산[御岳] 주장강[珠江]
하야카와강[早川] 위산산[玉山]
도시마섬[利島]

제4항 | 지명이 산맥, 산, 강 등의 뜻이 들어 있는 것은 '산맥', '산', '강' 등을 겹쳐 적는다.

Rio Grande 리오그란데강★
Monte Rosa 몬테로사산★
Mont Blanc 몽블랑산★
Sierra Madre 시에라마드레산맥★

혜선T만의 Only One 출좋포 11 | 주의해야 할 인명/지명 표기

주의해야 할 인명 표기

바른 표기(○)	틀린 표기(×)	바른 표기(○)	틀린 표기(×)
고흐★	고호	바흐★	바하
도스토옙스키★	도스토예프스키	도요토미 히데요시★	토요토미 히데요시 (풍신수길)
루스벨트★	루즈벨트	마르크스★	맑스
마오쩌둥★, 모택동★	×	호찌민★	호치민
뉴턴★	뉴튼	셰익스피어★	세익스피어
아서왕★	아더왕	칭기즈 칸★	징기스칸
카이사르, 시저★	케사르	콜럼버스★	콜롬부스
페스탈로치★	페스탈로찌	페스탈로치★	페스탈로찌
모차르트★	모짜르트	드보르자크	드보르작
비틀스	비틀즈	산타클로스	싼타크로스
생텍쥐페리	생떽쥐뻬리	쑨원, 손문	순원
엘리엇	엘리어트	차이콥스키	차이코프스키
체호프	체홉	키르케고르	키에르케고르

주의해야 할 지명 표기

바른 표기(○)	틀린 표기(×)	바른 표기(○)	틀린 표기(×)
게티즈버그★	게티스버그	그레나다★	그라나다
기타큐슈★	기타규슈	뉴욕 타임스★	뉴욕 타임즈
도이칠란트★	도이칠란드	라스베이거스★	라스베가스
라스베이거스★	라스베거스	맨해튼★	맨하탄
베네수엘라★	베네주엘라	상하이, 상해★	샹하이
슬로바키아★	슬로바키야	시칠리아★	시실리아
싱가포르★	싱가폴	아랍 에미리트★	아랍 에미레이트

 그레나다(Grenada)
: 서인도 제도 동남부에 있는 섬나라

그라나다(Granada)
: 에스파냐 남부 안달루시아 지방에 있는 도시

바른 표기(○)	틀린 표기(×)	바른 표기(○)	틀린 표기(×)
아바나★	하바나	아이티★	하이티
에스파냐★	에스파니아	에콰도르★	에콰돌
에티오피아★	이디오피아	키리바시★	기리바시
티베트★	티벳	포르투갈★	포르투칼
푸껫섬★	푸켓섬★	하얼빈★	하얼삔
교토, 경도	×	그리스	그리이스
네덜란드	네델란드	노르망디	노르만디
댈러스	달라스	도쿄, 동경	도꾜
룩셈부르크	룩셈부르그	마다가스카르	마다가스카
말레이시아	말레이지아	몽마르트르	몽마르뜨
버밍엄	버밍햄	베르사유	베르사이유
베이징, 북경	뻬이징	브리스틀	브리스톨
블라디보스토크	블라디보스톡	상파울루	상파울로
센트럴 파크	쎈트럴 파크	쓰촨성	사천성
아우크스부르크	아우구스부르크	아이슬란드	아이스란(랜)드
아프가니스탄	아프카니스탄	알래스카	알라스카
잘츠부르크	짤쯔부르크	취리히	쮜리히
칭다오	칭따오	케임브리지	캠브리지
쿠알라룸푸르	콸라룸푸르	쿤룬산맥	곤륜산맥
키르기스스탄	키르기스탄	타이베이	타이페이
타이완, 대만	×	템스강	템즈강
핀란드	핀랜드, 필란드		

[Q7] 다음 중 바른 외래어 표기에 ○표 하시오.

❶ 아콰 알타, 아쿠아 알타	❷ 뉴튼, 뉴턴
❸ 파일, 화일	❹ 바하, 바흐
❺ 소세지, 소시지	❻ 고흐, 고호
❼ 크리스티안, 크리스찬, 크리스천	❽ 모차르트, 모짜르트
❾ 앙코르, 앵콜	❿ 시저, 케사르, 카이사르
⓫ 초콜릿, 초콜렛	⓬ 타깃, 타겟
⓭ 소파, 쇼파	⓮ 매니아, 마니아
⓯ 스프링쿨러, 스프링클러	⓰ 팸플릿, 팸플렛, 팜플렛, 팜플릿
⓱ 루스벨트, 루즈벨트	⓲ 오믈렛, 오믈릿
⓳ 메세지, 메시지	⓴ 케익, 케잌, 케이크
㉑ 스타디움, 스타디엄	㉒ 징기스칸, 칭기즈칸
㉓ 바비큐, 바베큐	㉔ 콘셉트, 컨셉
㉕ 타월, 타올	㉖ 카페트, 카펫
㉗ 디지털, 디지탈	㉘ 알러지, 알레르기
㉙ 블라디보스토크, 블라디보스톡	㉚ 싱가폴, 싱가포르
㉛ 에티오피아, 에디오피아	㉜ 워크숍, 워크샵
㉝ 버클, 벅클, 바클	㉞ 마르세유, 마르세이유
㉟ 에메럴드, 에메랄드	㊱ 벤쿠버, 밴쿠버
㊲ 윈도, 윈도우	㊳ 페스탈로치, 페스탈로찌
㊴ 렌터카, 렌트카	㊵ 내비게이션, 네비게이션
㊶ 프레젠테이션, 프리젠테이션	

정답

❶ 아콰 알타 ❷ 뉴턴 ❸ 파일
❹ 바흐 ❺ 소시지 ❻ 고흐
❼ 크리스천 ❽ 모차르트
❾ 앙코르 ❿ 시저, 카이사르
⓫ 초콜릿 ⓬ 타깃 ⓭ 소파
⓮ 마니아 ⓯ 스프링클러
⓰ 팸플릿 ⓱ 루스벨트
⓲ 오믈렛 ⓳ 메시지
⓴ 케이크 ㉑ 스타디움
㉒ 칭기즈칸 ㉓ 바비큐
㉔ 콘셉트 ㉕ 타월
㉖ 카펫 ㉗ 디지털 ㉘ 알레르기
㉙ 블라디보스토크
㉚ 싱가포르 ㉛ 에티오피아
㉜ 워크숍 ㉝ 버클 ㉞ 마르세유
㉟ 에메랄드 ㊱ 밴쿠버 ㊲ 윈도
㊳ 페스탈로치 ㊴ 렌터카
㊵ 내비게이션
㊶ 프레젠테이션

[Q8] 다음 중 바른 외래어 표기에 ○표 하시오.

❶ 애드리브, 애드립	❷ 요구르트, 요거트
❸ 바셀린, 바세린	❹ 라스베리, 라즈베리
❺ 바디로션, 보디로션	❻ 카톨릭, 가톨릭
❼ 싸인, 사인	❽ 스노보드, 스노우보드
❾ 타이베이, 타이페이	❿ 드로인, 스로인, 스로우인
⓫ 캐럴, 캐롤	⓬ 패러독스, 파라독스
⓭ 액센트, 악센트	⓮ 스켈링, 스케일링
⓯ 플루트, 플룻	⓰ 꽁뜨, 콩트, 꽁트, 콩뜨
⓱ 플랫폼, 플래폼	⓲ 부르주아, 부루주아
⓳ 할로윈, 핼러윈, 할러윈	⓴ 가디건, 카디건
㉑ 아마추어, 아마츄어	㉒ 트로트, 트롯
㉓ 몽타주, 몬타주, 몽타지	㉔ 화이팅, 파이팅
㉕ 콤팩트, 컴팩트	㉖ 냅킨, 내프킨
㉗ 차트, 챠트	㉘ 리더쉽, 리더십
㉙ 스넥, 스낵	㉚ 알코올, 알콜
㉛ 비스킷, 비스켓	㉜ 도넛, 도너츠
㉝ 나르시즘, 나르시시즘	㉞ 브로치, 브롯치, 브로찌
㉟ 알루미눔, 알루미늄	㊱ 코냑, 꼬냑
㊲ 카페인, 까페인	㊳ 카운슬링, 카운셀링
㊴ 깁스, 기브스	㊵ 클라이막스, 클라이맥스
㊶ 스폰지, 스펀지	㊷ 디스켓, 디스켙
㊸ 카스텔라, 카스테라	㊹ 맘모스, 매머드
㊺ 보이코트, 보이콧	㊻ 상들리에, 샹들리에

정답

❶ 애드리브 ❷ 요구르트
❸ 바셀린 ❹ 라즈베리
❺ 보디로션 ❻ 가톨릭 ❼ 사인
❽ 스노보드 ❾ 타이베이
❿ 스로인 ⓫ 캐럴 ⓬ 패러독스
⓭ 악센트 ⓮ 스케일링
⓯ 플루트 ⓰ 콩트 ⓱ 플랫폼
⓲ 부르주아 ⓳ 핼러윈
⓴ 카디건 ㉑ 아마추어
㉒ 트로트 ㉓ 몽타주 ㉔ 파이팅
㉕ 콤팩트 ㉖ 냅킨 ㉗ 차트
㉘ 리더십 ㉙ 스낵 ㉚ 알코올
㉛ 비스킷 ㉜ 도넛
㉝ 나르시시즘 ㉞ 브로치
㉟ 알루미늄 ㊱ 코냑
㊲ 카페인 ㊳ 카운슬링
㊴ 깁스 ㊵ 클라이맥스
㊶ 스펀지 ㊷ 디스켓
㊸ 카스텔라 ㊹ 매머드
㊺ 보이콧 ㊻ 샹들리에

[Q9] 다음 중 바른 외래어 표기에 ○표 하시오.

❶ 미스테리, 미스터리	❷ 바게트, 바게뜨
❸ 캐러멜, 카라멜, 캬라멜	❹ 샌달, 샌들
❺ 가스렌지, 가스레인지	❻ 넌센스, 난센스
❼ 바리깡, 바리캉	❽ 센타, 센터
❾ 프리지어, 프리지아	❿ 라지에이터, 라디에이터
⓫ 크리스탈, 크리스털	⓬ 커튼, 커텐
⓭ 배스킷, 바스켓	⓮ 콜럼버스, 컬럼버스
⓯ 레슨, 렛슨	⓰ 수퍼마켓, 슈퍼마켓
⓱ 주스, 쥬스	⓲ 컨테스트, 콘테스트
⓳ 째즈, 재즈	⓴ 내레이션, 나레이션
㉑ 비즈니스, 비지니스	㉒ 플랭카드, 플래카드
㉓ 아울렛, 아웃렛	㉔ 도이칠란드, 도이칠란트
㉕ 액세서리, 악세사리	㉖ 티벳, 티베트
㉗ 노우하우, 노하우	㉘ 할리우드, 헐리우드, 헐리웃
㉙ 로타리, 로터리	㉚ 포르투갈, 포르투칼
㉛ 심포지엄, 심포지움	㉜ 머스타드, 머스터드
㉝ 트루만, 트루먼	㉞ 뷔페, 부페
㉟ 랍스터, 랍스타, 로브스터	㊱ 피라미드, 피라밋
㊲ 로보트, 로봇	㊳ 사이렌, 싸이렌
㊴ 리포트, 레포트	㊵ 셧터, 셔터
㊶ 라벨, 레이블, 래벨	㊷ 섹소폰, 색소폰
㊸ 세익스피어, 셰익스피어	㊹ 로열티, 로얄티
㊺ 레퍼토리, 레파토리	㊻ 포클레인, 포크레인
㊼ 오리지널, 오리지날	㊽ 환타지, 판타지
㊾ 카스타드, 카스터드, 커스터드	㊿ 카스테라, 카스텔라

정답

❶ 미스터리 ❷ 바게트
❸ 캐러멜 ❹ 샌들
❺ 가스레인지 ❻ 난센스
❼ 바리캉 ❽ 센터
❾ 프리지어 ❿ 라디에이터
⓫ 크리스털 ⓬ 커튼 ⓭ 바스켓
⓮ 콜럼버스 ⓯ 레슨
⓰ 슈퍼마켓 ⓱ 주스
⓲ 콘테스트 ⓳ 재즈
⓴ 내레이션 ㉑ 비즈니스
㉒ 플래카드 ㉓ 아웃렛
㉔ 도이칠란트 ㉕ 액세서리
㉖ 티베트 ㉗ 노하우
㉘ 할리우드 ㉙ 로터리
㉚ 포르투갈 ㉛ 심포지엄
㉜ 머스터드 ㉝ 트루먼 ㉞ 뷔페
㉟ 랍스터, 로브스터
㊱ 피라미드 ㊲ 로봇
㊳ 사이렌 ㊴ 리포트 ㊵ 셔터
㊶ 라벨 ㊷ 색소폰
㊸ 셰익스피어 ㊹ 로열티
㊺ 레퍼토리 ㊻ 포클레인
㊼ 오리지널 ㊽ 판타지
㊾ 커스터드 ㊿ 카스텔라

[Q10] 다음 중 바른 외래어 표기에 ○표 하시오.

❶ 텔레비전, 텔레비젼	❷ 스트로우, 스트로
❸ 엔돌핀, 엔도르핀	❹ 컨테이너, 콘테이너
❺ 자켓, 자케트, 재킷	❻ 갭, 걥, 개브
❼ 논픽션, 난픽션, 넌픽션	❽ 프러포즈, 프로포즈
❾ 씽크대, 싱크대	❿ 앙케트, 앙케이트
⓫ 카페, 까페	⓬ 서비스, 써비스
⓭ 아쿠아마린, 아콰마린	⓮ 코메디, 코미디
⓯ 아쿠아리움, 아콰리움	⓰ 플래시, 플래쉬
⓱ 본네트, 본넷, 보닛	⓲ 아인쉬타인, 아인슈타인
⓳ 스태프, 스탭	⓴ 그러데이션, 그라데이션
㉑ 카라, 칼라(collar)	㉒ 심볼, 심벌
㉓ 컬러, 칼라(color)	㉔ 마가린, 마아가린
㉕ 배터리, 밧데리	㉖ 짚, 지프
㉗ 인디언, 인디안	㉘ 쇼트커트, 숏컷
㉙ 유니언, 유니안, 유니온	㉚ 캐리커쳐, 캐리커처
㉛ 아이슬란드, 아이슬랜드	㉜ 너깃, 너겟
㉝ 팡파레, 팡파르	㉞ 케첩, 케찹, 케첩
㉟ 레크레이션, 레크리에이션	㊱ 스케일링, 스켈링
㊲ 도트, 다트	㊳ 달마시안, 달마티안
㊴ 다트, 달트	㊵ 카스타드, 커스터드
㊶ 소울, 솔	㊷ 게티즈버그, 게티스버그
㊸ 스태플러, 스테이플러	㊹ 셔벗, 샤베트
㊺ 발렌타인데이, 밸런타인데이	㊻ 발레파킹, 발렛파킹
㊼ 터부, 타부	㊽ 탈렌트, 탤런트
㊾ 달마시안, 달마티안	㊿ 메타세콰이어, 메타세쿼이아

정답

❶ 텔레비전 ❷ 스트로
❸ 엔도르핀 ❹ 컨테이너
❺ 재킷 ❻ 갭 ❼ 논픽션
❽ 프러포즈 ❾ 싱크대
❿ 앙케트 ⓫ 카페 ⓬ 서비스
⓭ 아콰마린 ⓮ 코미디
⓯ 아쿠아리움 ⓰ 플래시
⓱ 보닛 ⓲ 아인슈타인
⓳ 스태프 ⓴ 그러데이션
㉑ 칼라 ㉒ 심벌 ㉓ 컬러
㉔ 마가린 ㉕ 배터리 ㉖ 지프
㉗ 인디언 ㉘ 쇼트커트
㉙ 유니언 ㉚ 캐리커처
㉛ 아이슬란드 ㉜ 너깃
㉝ 팡파르 ㉞ 케첩
㉟ 레크리에이션 ㊱ 스케일링
㊲ 도트 ㊳ 달마티안 ㊴ 다트
㊵ 커스터드 ㊶ 솔
㊷ 게티즈버그 ㊸ 스테이플러
㊹ 셔벗 ㊺ 밸런타인데이
㊻ 발레파킹 ㊼ 터부
㊽ 탤런트 ㊾ 달마티안
㊿ 메타세쿼이아

박혜선

주요 약력

고려대학교 국어국문학과 최우수 수석 졸업
고려대학교 국어국문학과 심화 전공
고려대학교 국어국문학과 중등학교 정교사 2 급 자격증
前) 대치, 반포 산에듀 온라인 오프라인 최연소 대표 강사
現) 박문각 공무원 국어 1 타 강사

주요 저서

박문각 공무원 입문서 시작! 박혜선 국어
박혜선 국어 기본서 출좋포 문법
박혜선 국어 기본서 출좋포 문학
박혜선 국어 기본서 출좋포 어휘 · 한자/한손 어휘책(박혜선 국어 어플)
박혜선 국어 기본서 출좋포 독해
박혜선의 최단기간 어문 규정
박혜선 국어 문법 출.좋.포 80
박혜선의 최단기간 고전운문
박혜선의 개념도 새기는 기출 문법
박혜선의 신기록 문학 기출
박혜선의 콤팩트한 단원별 문제 풀이(문법 편)
박혜선의 콤팩트한 단원별 문제 풀이(독해 편)
박혜선의 ALL IN ONE 문법의 왕도
박혜선의 ALL IN ONE 문학의 왕도
박혜선의 ALL IN ONE 비문학 쌍끌이

박혜선 국어
최단기간 어문 규정

초판인쇄 | 2023. 9. 20. **초판발행** | 2023. 9. 25. **편저자** | 박혜선 **발행인** | 박 용
발행처 | (주)박문각출판 **등록** | 2015년 4월 29일 제2015-000104호
주소 | 06654 서울시 서초구 효령로 283 서경 B/D 4층
팩스 | (02)584-2927 **전화** | 교재 주문 · 내용 문의 (02)6466-7202

저자와의 협의하에 인지생략

정가 17,000원 ISBN 979-11-6987-524-0
ISBN 979-11-6987-523-3(세트)

* 본 교재의 정오표는 박문각출판 홈페이지에서 확인하실 수 있습니다.

MEMO